品成

阅读经典　品味成长

LAUNCH 首发

生活考古观

场景实验室　编著

人民邮电出版社

北京

图书在版编目（CIP）数据

生活考古观 / 场景实验室编著. -- 北京 ： 人民邮
电出版社，2024.2
ISBN 978-7-115-63707-9

Ⅰ．①生… Ⅱ．①场… Ⅲ．①消费生活—研究 Ⅳ．
①C913.3

中国国家版本馆CIP数据核字(2024)第028688号

◆ 编　　著　场景实验室
　　责任编辑　郑　婷
　　责任印制　陈　犇

◆ 人民邮电出版社出版发行　　北京市丰台区成寿寺路 11 号
　　邮编 100164　　电子邮件 315@ptpress.com.cn
　　网址 https://www.ptpress.com.cn
　　北京宝隆世纪印刷有限公司印刷

◆ 开本：787×1092　1/16
　　印张：10.75　　　　　　　　2024 年 2 月第 1 版
　　字数：150 千字　　　　　　 2024 年 2 月北京第 1 次印刷

定价：69.80 元

目录

壹 | 数字回流
古旧而有新意义

贰 | 暗示感消费
能量自洽与移情方案

CONTENTS

ARCHAEOLOGICAL VIEW OF LIFE

观念文章

生活考古观

文 / 王若师

技术周期与商业世界的碰撞，临近重塑生活的新窗口，谈论数字时代的美好生活太久，此次我们回到原点。"具体生活，大于想象"。

考古 ≠ 复古

"考古"这个词，很容易在字面上被理解为对一种复古风格化思潮的讨论。复古一直是生活方式的热门主题之一，如在数字音乐盛行的当下，黑胶唱片作为复古品类的代表从小众成为潮流。但我们今天想探讨的"生活考古观"，并非只指代风格上的怀旧和复刻，而是以考古的姿态，探究在时代倾向和技术的加持下，那些个性化需求与生活方式表现出来的特征。这是一种对趋势现象的观察，更是一种对待生活的具体方法。

生活考古的显化

当下时代的倾向是祛魅和内观。有人说，第三消费时代的结束，代表消费本身带来幸福感时代的结束。口红效应的代表不再是口红，而是千人千面的个性化消费。这种消费不一定廉价，但一定要带来足够的自我满足感。生活考古观是一种追求统一完整的审美体验，也是一个时代试图回到原初纯粹体验的集体诉求。

从像素风设计到 CCD[①] 热潮，在表现形式上，呈现了对于流行设计思路的反抗，将曾经占据主流的标志、色彩、品牌等热门标签统统归零，取

---

① Charge Coupled Device，电荷耦合器件，这里主要指 CCD 相机。

代以粗颗粒感、无后期感的直观表达。这也恰是整个回潮趋势的原始动机：对速度脱敏、狂热褪去、审美疲劳，回到起点是选择，更是必然。大家越来越追求一种契合自我的体验。逆时间探索，可以帮助我们更好地理解"依据体验去生活"。

以考古为方法

回到考古学的本义，当代科学考古学的目标分为三个方面：研究文化历史、重建人类的生活方式、阐明社会演变的规律。"研究历史、重建生活方式与阐明规律"，考古方法本身，是一种摒弃捷径，建立事物间脉络联系的方法。

回到商业世界，当消费的目的是体验快乐而非瞬时快感时，将必然需要高浓度的参与和投入，重视和还原日常事物的具体意义构成了生活的仪式感与小确幸时刻。如同文化历史考古学所建立的是一种器物发展的历史，人们以一种专业和审慎的态度来整理愈加复杂的日常生活，通过赋予生活琐事更多的表里价值，消除和抵御消费主义被诟病的无意义与自我怀疑。更有甚者，可以在长期坚持中收获一种可持续的情绪价值。

以考古的方法来生活，意味着对每一件你所拥有物品的了解、对每一次消费决策的负责，更意味着对自己深入、真实的认识。内观成为一切的前提，悦己成为最本质的需求。日常的专业化趋势，目的在于重建生活的内心秩序，以找回被高速碎片化时代消解的人们与生俱来所追求的掌控感。

传统的工作—居住方式正在被第一代互联网原住民重新构建。从数字游民到数字乡民，去中心化趋势有助于还原人类本身的聚落形态，以寻回人与人、人与自然和谐相处的生活方式。借助一日千里的数字技术，个体的内容生产力得以爆发。因此，以考古的姿态重新发现和创作内容，也正是数字时代与潮流文化的交相呼应。

然而，生活的样貌，远不止于此。

我们将从以下五个切入点展开话题。

数字回流：对快速变化的数字生活展开慢思考，赋予古旧以新意义。

暗示感消费：内观成为消费决策的首要任务，可自我解释的情绪符号与情感代偿，成为新的消费动因。

极繁生活：重视物品的价值和意义，再小众的兴趣爱好也以专业精神整理收纳，构建复杂日常的解决方案。

超在地性：对人地关系进行新语境下的研究，当代年轻人如何重建在地归属与精神基础设施，探讨正在诞生的年轻人特区。

文本复兴：话语体系新建，新意义需要新文本，数字时代需要有独立精神的内容，当文字回归于表达，态度符号大于审美符号。

新技术周期带来了不曾预见的可能性，伴随着理性带来的科技飞速发展，感性生活也开始回归。激流之下，个体与时代的再连接与被赋予的新意义，以"生活考古观"完成回答。

"具体生活，大于想象"
Concrete life is greater than imagination.

生活考古观

首发圆桌

生活意义的再连接

陈临风（芒芒）

小宇宙首席运营官

小宇宙编辑部在播客里观察到的主要是年轻人的内容消费偏好，在社会心理的表现和动因上印证了 LAUNCH 的猜想——或许其中有创新路径。播客消费本身是一种潮流生活方式，同时，根据它所需的消费时长能反推出年轻人在哪些议题上有强烈的兴趣。

一方面，我一直觉得播客是某种文艺复兴。视频媒介海量的精彩内容，效率和效果的体验都是更优的，年轻人却投入时间接收不以图像、影像来传递的信息。口口相传的方式，非常复古。前几年，网络上流行一句话"颜值即正义"，似乎也是基于视觉传播的价值偏好，而这些年，娱乐明星的内涵、谈吐、业务实力被重新强调，播客里有文化、有思考的艺人格外受好评，这也算是价值回归的一环。

另一方面，就是各种具体内容消费偏好呈现的特征。接下来，我们展开讲讲。

哪些传统、古旧的生活方式，在年轻人中重新流行？

2022 年下半年到 2023 年，民俗或者说泛民俗成为热门的播客内容。比如介绍中医视角的哲学、养生学，介绍中国传统风俗和风俗背后的故事。还有一些描述身心灵体验的，比如年轻人遇到困难时的心理暗示方法……迷茫的年轻人对各种各样的解释方案感兴趣，而更适应国人价值观的传统民俗提供了一种更为亲切、实用的理解角度，且符合近年文化审美上的各种"国潮"趋势。这种兴趣包含了某种内在矛盾，大家一边认真学习知识，一边调侃自嘲，颇具幽默感。

养生也越发成为主流。内容囊括和英国视光医生聊聊天、甲流、脊柱外科、健身、睡眠医生、眼科主任有话说、我们为什么要睡觉、癌症、三伏天、健康零食、病友交流去耻、清华博士配方师、食品添加剂、阿斯巴甜……比如关注眼睛，有视光医生在播客里聊近视手术、干眼症，分享量很高；关注精力，一期《精力管理》的播放次数超过 35 万，这期内容时长近 3 小时，但年轻人乐于听下去；关注心理健康，有非常多的精神科医生与心理咨询师聊过抑郁、失眠、暴食症、厌食症等精神病症。身心的方方面面，年轻人都关心。而且其倾向于预防大过治疗。这也很合理，年轻人身体多是亚健康问题。面对不确定，什么是确定的？那就是爱自己，当守护自己的第一责任人。

如何看待这些生活方式"回流"背后的推动因素？

面对不确定，年轻人需要一些确定。求之在外的被动，转为内求的主动。

哪些商业案例和品牌，在推动、引领生活方式的回流趋势，抑或哪些品牌在这一趋势中焕发新生？

可以看到，播客里目前的合作案例，大多以关注群体困境、挖掘内心力量为主。比如，珀莱雅和小宇宙合作的"回声计划"，关注青年情绪健康；海蓝之谜和小宇宙的合作提到"生命力"。比起标新立异来塑造特别感，品牌会把理解大众情感作为提升用户好感度的方式，当下共情力在很大程度上是品牌力的体现。

另外，可以谈谈把播客作为方式的品牌行为 —— 品牌播客，是一种商业品牌的"小出版""微出版"。和商业电视广告、品牌社交媒体账号有一些区别，品牌播客像品牌的爱好者杂志（zine），有作品感，追求内容沉淀而非瞬时流量。比如 ZUCZUG（素然）旗下的户外品牌安高若官方播客《安高若 Channel》，探讨户外在音乐、文学、哲学层面的延展；而奢侈服装品牌迦达（GIADA）的《岩中花述》分季推出女性标杆群像，打开节目主页就可以从过往的每个人物访谈中看到迦达想传递的理念。这些年，品牌"小出版"很常见。比如，小红书的 *about* 是极其扎实的大本"杂志"；用户在 seesaw（一个咖啡品牌）门店能领到每季更新的"报纸"。不论资生堂的《花椿》还是优衣库的 *LifeWear magazine*，都是非常严谨的内容产品。可以看到，内容的力量能够超越时间，而我们现在正需要跨越时代的事物，我们越发关注隽永的东西。

在生活考古、暗示感消费、极繁生活、超在地性、文本复兴 5 个消费趋势中，选择一个感受最深的聊聊它的商业启发？

我们在做的是互联网产品，但想聊聊的是与线下、小城、本地相关的"超在地性"。

一类是小城生存选题，因为大家太需要非一线的生活样本了。比如《下楼散步》这档播客就是对谈有不同于主流选择的年轻人，其中一期嘉宾花7000 元买下一个集装箱，并把集装箱放到了田地中央，直接住了进去，认认真真去种田。许多听众留言说被治愈了，看到了生活不一样的可能性。

另一类是本地播客，像是音频记录的当代的地方志。比如《山城龙门阵》就是专注重庆的播客，有一期就是聊重庆人的避暑选择，这样的话题是非常有在地性的；贵州兴义市也有一档播客《兴义现志》，对于这座城市你不一定了解很深，但通过播客你能很详细地感受当地的景色与美食。

还有一类是和线下体验结合的内容。比如《来去泉州》是一档泉州的深度导览节目，听众可以跟着讲解一边走一边看，边听边感受城市的历史文化细节。节目发布后的那段时间，许多播客爱好者都默契地在泉州寻访同样的古迹；今年还有一档关于汉水的叙事播客《汉水的身世》，以及《博物志》主播婉莹的"汉水日记"系列内容，都通过生动、真实的声音记录，展现了个体命运和汉水历史的交织，当我们走在汉水流经的土地时，就能想起这些故事。

以上是我们看到的，大家没有以前那么信任大城市，渴望在实体的线下场景找到实在的生活体验。而美食是一座小城进入大众视野的引爆点，中文播客里也开始出现许多小城吃喝的内容。比如有一档云南播客《从菜街到厨房》，一直在分享关于云南食材和烹饪方式的经验，从米线、菌子，再到当地梅子的奇特做法，甚至是逛菜市场的攻略。不论那些城市有怎样的历史富矿，有如何绝伦的景色，美食似乎成为走红的必要条件。当一个

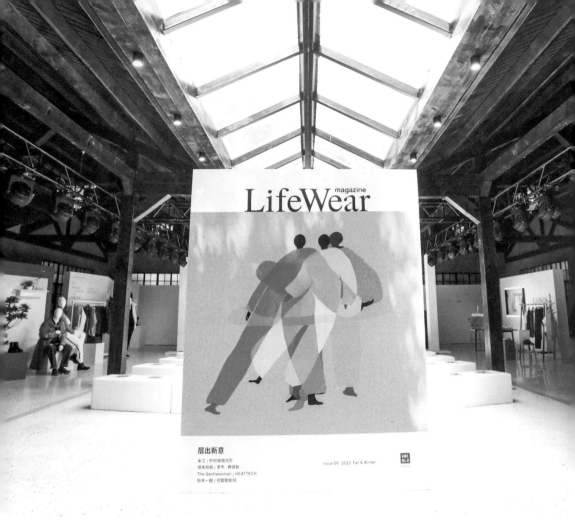

优衣库品牌旗下 *LifeWear magazine* 联动线下展示活动。(图片来源: 优衣库官方账号)

城市无法被消费，它也无法被认知。所以，小城或许有巨大的消费力释放空间，吃喝以外的城市漫步（Citywalk）项目好像成为必然。而去泉州要打卡蟳埔，去大理要体验蓝染，去景德镇要尝试泥塑烧玻璃……这些都是类似的旅游产品，商业同样也成为在地性挖掘的主要推动力。

随易

跳海酒馆合伙人

哪些传统、古旧的生活方式，在年轻人中重新流行？

在跳海酒馆的视角内，看到越来越多的年轻人来到跳海，并不只是为了摄入酒精，而是为了线下的见面和面对面真切地交流，投身于能够真切感受到他人的公共生活。相比于线上社交与内容消费，跳海的受众表现出了对线下生活的强烈需求，以及参与其中的巨大热情。

年轻人会在店里翻看跳海每月的报纸，参与每期报纸中不同的互动活动，有的是填字游戏，有的是自画像邀请，有的是动手做个"东南西北折纸"。无论是作为媒介的报纸还是互动的内容，都充满着复古感，但不少年轻人都乐在其中。在每家跳海的吧台，都会有一些用来和坐在吧台的客人进行互动的小物料，有的是许愿箱，有的是小说续写本，有的是杯垫漂流。这些也成了跳海打酒师和客人之间开启对话、发生连接的微小媒介，每天晚上这些故事都在发生。而在跳海的打酒师中流传着一个"共识"：在吧台里，洗杯子是最受欢迎的工作。相比于日常工作当中的不确定感和难以摆脱的焦虑，洗杯子这份看似机械重复的工作，虽然不起眼但有确定感，不用动脑子又很容易收获满足感。这也代表着一种对日常工作状态的反抗心态，用非常实际、不起眼的方式在抵抗着日常的无意义感。

跳海的用户在跳海看展览，听其他客人的弹唱，跟陌生人玩"默酒"游戏，在杯垫上留下自己今晚的感受或问题。这些看似低效、复古甚至有些矫情的事情，常态化地在每一家跳海的每一个夜晚发生。年轻人在用这种复古但却更有确定感的微小行为，对宏观上弥漫着的消极、沮丧与意义感丧失，做着属于个体的反抗。

如何看待这些生活方式"回流"背后的推动因素？

重回线下真实的公共生活，这个诉求在疫情时被显性化，在疫情后被放大。相比于过去的扩列式社交、人际资源式社交，年轻人越发认识到，一个微信好友和一个见过面、深度交流过的朋友之间的巨大区别。微信好友是功能性的、功利性的、效率性的、静态化的，但线下场景中的深度交流则是对这种关系的激活、重置和深化。相比于派对式的聚会，年轻人更喜欢两三人的小局，人足够少、距离足够近，可以看得见对方的眼神、可以感受得到对方的情绪。这样真实且深度的关联，每晚都在跳海的店铺中发生。年轻人会意识到，这样真实的公共生活，会让其真正找到一些可以情感依赖的群体和情绪寄托的空间，从而从场域的消费者变为场域的共创者，参与到这个社区当中。而在这个过程中，年轻人对外界的触感会变得更加真实，与他人的连接会变得更加真切。

哪些商业案例和品牌，在推动、引领生活方式的回流趋势，抑或哪些品牌在这一趋势中焕发新生？

复古的生活方式趋势背后，是年轻人对消费主义主导的商品世界已然倦怠。抖机灵的文案、谐音梗的口号、大而空的回应、天罗地网式地投放，逐渐加深了年轻人对品牌的逆反心理。反而，一些真正参与到生活议题、真正参与到年轻人关系的话题、参与到年轻人精神生活中的品牌才会引领这个趋势，才能走在前面。年轻人需要的不是被讨好，也不是被说教，而是像朋友一样真正懂他们的品牌和产品。社交货币式消费选择也会逐渐式微，真正的"自来水"式口碑一定是在水面之下发生的。

所以我认为，一方面，是在做线下实体的品牌，有很大机会介入这个趋势；另一方面，如果一个品牌的初心和初衷是在某些年轻人关注的议题上持续地探讨和表达，也会有机会在这个趋势下获得属于自己的机会。

在生活考古、暗示感消费、极繁生活、超在地性、文本复兴 5 个消费趋势中，选择一个感受最深的，聊聊它的商业启发？

通过跳海最近做的两个项目来聊聊我对"超在地性"的理解吧。

一个项目是我们前段时间发布的跳海打酒师的"游牧计划"。打酒师是跳海文化中非常重要的角色，他们原本都是一个个跳海用户，但因为喜欢这里，经过两三次实习后就会转正，成为正式打酒师，在酒馆度过一个繁忙但愉快的夜晚，同时还能收获报酬。在城市里的打酒师都是以"晚"为单位来计算的，但在"游牧计划"中，我们邀请打酒师们离开城市，去到海边、古寨、古城，生活、打酒、看店一周的时间。第一期我们只公布了三个地点——大理才村、泉州浮石、黔西南古镇，但收到了完全出乎意料的欢迎和申请。非常多的年轻人希望能够短暂地离开城市，尝试一种新的生活方式，哪怕他们明知那只是一个体验与间隙，但这样的经历一定会让他们感受到更多。

另一个是今年我们和"艺术在浮梁"合作的快闪项目。我们把一台代表着城市气质的自动贩卖机放了荒野之中，包装成和背景茶园一样的色调。而在贩卖机里，我们除了售卖联名酒，也会售卖"一张信纸"，我们邀请大家立于旷野，给城市的自己写封信。

自己熟悉的城市与陌生的他处，在年轻人当中能够产生巨大的张力与向往。是年轻人对城市的归属感逐渐丧失，还是对乡村的向往逐渐上扬，或是年轻人需要寻找到一种有别于以往的和"在地"发生关系的方式，这个有待观察，但需求逐渐明朗。这个"在地"不一定是家乡，不一定是旅居地，不一定是常年生活的城市，它的范围可能更小，更"附近"。

第一个游牧打酒点（泉州浮石店）。（图片来源：跳海酒馆官方账号）

生活考古观

甘宜哲

元古品牌首席执行官

哪些传统、古旧的生活方式，在年轻人中重新流行？

一个非常显著的变化是国内传统手工艺和手工制品的复兴。大家开始对中国传统手工艺，如编织、陶艺等表现出浓厚的兴趣，年轻人逐渐感受到了传统工艺的价值和魅力。元古不断发掘分布在各个地区的非物质文化遗产，尝试把它们融入自己的产品创意，通过大胆地创新和再造保护传承至今的文化元素。

古旧、健康的生活方式也成为年轻人追捧的对象。瑜伽、中医、食疗等逐渐走进了年轻人的生活，成为他们保持身心健康的方式之一。

疫情后，回归大自然成为主流的休闲方式。年轻人越来越倾向于选择远离城市喧嚣，追求简单、宁静的生活方式。比如，回归农田种植、参与户外活动，以寻找自身与自然的联系。

如何看待这些生活方式"回流"背后的推动因素？

传统、古旧的生活方式重新回流，背后的推动因素有很多。

首先，虽然科技的不断革新给现代生活带来了许多便利，但是社交媒体的过度使用和数字化生活方式使许多人与现实世界逐渐割裂，人与人之间的距离被不断拉远。回归传统，是在重拾真实的人际关系和亲密感。

现代生活的快节奏和高压态势，也让许多人渴望一种更为平衡和宁静的生活。传统生活方式通常强调摒弃复杂性，遵从自然时序，回归生活的基本需求，这符合许多人对于慢生活的秩序渴求。

人类学家项飙提出"重建附近"的概念，受到很多年轻人的追捧。这是因为在信息量巨大和繁杂的时代，人们急需寻找一种文化认同感和归属感来明确自己的"身份"。选择传统生活方式，并重新挖掘它们的当下意义与价值，既是承载源自文化和价值观的身份认同，同时也彰显了更加个体化的生活态度。

哪些商业案例和品牌，在推动、引领生活方式的回流趋势，抑或哪些品牌在这一趋势中焕发新生？

一个比较集中的趋势是传统文化的消费焕新，它体现在不同的消费领域，时尚、餐饮、文创、文旅、游戏等。

传统文化是一种审视现代生活的方式，让人们可以反思当下生活和价值取向，它提供了一种寻求内心平静和生活意义的途径。传统文化可以强化人们的文化认同感，帮助年轻人更好地理解自己的文化根源，并找到生活意义感的载体。此外，传统文化也可以激发创造力，启发年轻人创新，将传统元素融入现代生活，创造出新的文化产品和体验。

在生活考古、暗示感消费、极繁生活、超在地性、文本复兴 5 个消费趋势中，选择一个感受最深的聊聊它的商业启发？

生活考古和元古在做的事情，有很多相通之处。

我理解生活考古，它不仅是指人们对过去的生活方式、文化和产品的怀旧和追溯，更重要的是让它们与当下的生活重新建立联系，表达出新的日常性和仪式感。

元古尝试将中国传统文化元素与现代生活相融合，以创新的方式传承并展现传统文化的魅力，打造独特的中式生活美学。

"元古"来自东汉《说文》，是对"本初"和"原来"的理解。元古在不断地把被遗忘和忽略的传统生活方式、仪式、礼节、习俗等代入当下，希望向来到元古的客人传递中华文化的内核：内敛、包容、阴柔、平和。

元，古也；于内，像古人一样简单、自然地生活。古，故也；于外，对待他人如故人般热情、温暖。元古关照一方水土，关心广袤土壤滋养的人，和不同的人文地域相遇、相知，顺势而为，修旧如旧，每一次抵达都是关乎自然与美的周游。

李琳

三联中读运营总监

哪些传统、古旧的生活方式，在年轻人中重新流行？

田园牧歌式生活在年轻人中流行。《三联生活周刊》出了一期封面文章，专门探讨"为什么都去钓鱼了"；小红书上关于户外露营的笔记有 500 多万篇；年轻人新的电子榨菜是"赶海、钓鱼和种地"。

"断舍离"风刮过之后，"返璞归真"风又来，表现在更多的年轻人选择背着帆布包通勤、逛街，用城市漫步的方式重新认识一座城市，在临期、二手商店淘货。

"中式"铺天盖地而来。从对古人生活方式的复刻、到对"黄金年代"审美元素的追捧和再塑，还有今年风刮得特别大的盘手串——一种中式祈福文化的盛行。

如何看待这些生活方式"回流"背后的推动因素？

2016 年左右流行的一个网络词叫"小确幸"，我觉得用它来概括现在年轻人的生活方式再合适不过。在一个变量无穷大的混沌系统里，年轻人面对不确定性和现实压力，从"内"耗转为向"外"观。就以种地和爆火的乡村视频为例，对春种秋收、劈柴做饭这种沉浸式代入体验，年轻人可以感知到对朴素生活的掌控感，是一种自我疗愈。另外，数字网络和算法依然助推了这一趋势，本质上还是"我"经济的一种表达，无论盘手串还是祈福经济，通过对沉重的东西重新解构，年轻人试图从中寻找精神力量，这也正是对美好生活的一种期许。

哪些商业案例和品牌，在推动、引领生活方式的回流趋势，抑或哪些品牌在这一趋势中焕发新生？

对大部分品牌来说，回流是结果，不是原因。

在生活考古、暗示感消费、极繁生活、超在地性、文本复兴 5 个消费趋势中，选择一个感受最深的聊聊它的商业启发？

我想聊聊暗示感消费。

"买椟还珠"风愈演愈烈——不提霸榜热搜的酱香拿铁和火出圈的 LV（路易威登）联名款帆布包……为了纸袋买奶茶是年轻人的基本操作（小红书上此类笔记有数十万条），集章打卡也已经是年轻人出游、逛博物馆的新方式。这些绝非一时冲动，而是真的买到了愉悦。韩炳哲在《非物》中提到，对物的拜物教已经结束，我们变成对信息的拜物教，物被降格为信息的物质衍生品。当我们买联名时，我们买的是信息消费。我体验、我存在、我自由。

杨夏

方实验室创始人

哪些传统、古旧的生活方式，在年轻人中重新流行？

流行喝茶，新仪式感。

除了喝咖啡，喝茶也成为在年轻人之间流行的生活方式。很多茶馆不再只是老一辈的聚集地，许多年轻人正在踏入这个领域。而且年轻人喝茶，不仅关注茶叶、茶汤的品质，还追求一份喝茶的仪式感。所以，现在很多中式茶馆应运而生，穿着中式服饰的工作人员会贴心地为客人做泡茶流程演示和教学。同时，年轻人喝茶还在意趣味性，"围炉煮茶"这个话题在去年冬天真的是相当火爆，强烈的氛围感和大家参与的分寸感，让这种形式备受追捧，大部分与茶相关的饮品店，都有宣传过"喝杯热茶，温暖过冬"的理念。

去"网红化"，顺其自然。

现在的年轻人开始追求去"网红化"了，顺其自然成为他们的新理念。以前，年轻人喜欢跟着自己喜欢的博主，去"网红餐厅"打卡，食物不一定好吃，但是环境一定要"上镜"；现在，年轻人越来越多地关注自己和真实生活的状态。他们喜欢城市漫步，顺其自然地感受一座城市的魅力；愿意走街串巷去寻找隐藏在角落里的特色美食店，体验地道的正宗风味。包括以前说的"搭伙过日子"，现在年轻人也延展出了一种"搭子关系"，如饭搭子、酒搭子，这种既有人陪伴又能感受真实生活，处在陪伴和友情之间的关系，相互有边界感还很松弛，受到年轻人的喜爱和追捧。

如何看待这些生活方式"回流"背后的推动因素？

首先是社会环境的变化。后疫情时代，人们对自然和户外更加珍惜，对人们而言，亲近自然不仅能释放工作的压力，还能在探索城市空间的过程中，增进人与人之的联结。

其次是年轻人找寻精神世界的乌托邦。复古和怀旧是对不确定的当下的逃离，生活在当下的他们需要一个乌托邦去幻想、去着迷，所以他们选择那些被时间验证过的过去事物和生活理念，去疗愈自己的内心，缓解现实的压力。

最后是现在年轻人生活态度的改变。Z 世代 ① 更加追求"悦己"，他们喜欢通过装饰生活取悦自己，重视自我表达，重视情绪价值，追求具有场景感的空间。

哪些商业案例和品牌，在推动、引领生活方式的回流趋势，抑或哪些品牌在这一趋势中焕发新生？

有两个品牌我非常喜欢，它们也的的确确让我感受到在推动、引领生活方式回流，分别是 tea'stone（纯茶体验品牌）和观夏。

前面我也提到了，现在越来越多的年轻人爱上了咱们的"东方树叶"，爱上能够花时间泡茶、品茶的松弛感。tea'stone 就讲究从一杯好茶开始，开启一种茶美学的生活方式，从茶叶、茶杯到茶点，tea'stone 为了让茶更好喝、更有趣，下足了功夫，复刻的上古茶器造型，好看好用，还让我有一种跨越时间，与过去匠人对话的感受；夏日特色的中国新茶食，满口惊喜，十分有趣。

营造家的氛围，香薰不可或缺。好闻的味道能够让大脑得到舒缓，就像认识一个人，味道往往是人们的第一个记忆点。立足东方美学的观夏，它采取自然之味，将特定的城市和场景融合，让气味和人们的集体记忆、情怀相结合。例如昆仑山顶的雪松香、苏州的白玉枇杷，这些我们可能没有体验过，但是感受可以相通。气味就是场景，气味连接情绪，我认为这正是人们所追求的松弛感和治愈体验。

---

① 泛指出生在互联网时代的年轻人，强调智能手机、互联网对这一群体的成长环境影响较大。

在生活考古、暗示感消费、极繁生活、超在地性、文本复兴 5 个消费趋势中，选择一个感受最深的聊聊它的商业启发？

我个人感受最深的是暗示感消费。

情感正在创造财富。真正的行业翘楚不是在资产排行榜上，而是在消费者心中，品牌通过各种形式的产品表达，对消费者的情绪给予即时的响应，让产品成为一种情绪符号。

社交网络流行的"发疯文学"，其实是人们面对现代社会的快节奏生活，为了不被压力吞没，而选择"发疯"这种表达方式进行自我排解。根本上是理智的、积极的，不再刻意压抑自己的情绪。比如，今年夏天乐乐茶"一拳！"系列新品的推出，很好地让"发疯"、让情绪变得具象，一杯奶茶成为"我"的情绪替代。

如今，流量入口配合热点话题，内容营销与品牌调性的协同都是老生常谈。我认为，关键是在情感经济盛行的现代社会，要如何筛选、抓住消费者所关注的情绪，以及如何正向地使用这样的情绪暗示。这都是值得我们不断思考的问题。

主张"我的快乐，就在此刻"的新式茶饮品牌乐乐茶，推出了"一拳！"系列主题新品包装（左图），乐乐茶还定制了大到能装人的 XXXXXXL 号主题蛇皮袋（右图），作为互动周边。（图片来源：乐乐茶官方账号）

壹

数字回流

古旧而有新意义

数字回流：
重绘年轻消费
"精神指南"

文 / 王伟

作为数字化原住民，甚至 AI（Artificial Intelligence，人工智能）原住民，这一代年轻人的生活天然被数字工具包裹。数字化浸润生活细微之处，以底层与外观重塑的姿态改变万物，但有些精神取向又从未轻易褪色。改变的是生活方式，不变的是价值观；改变的是内容情境，不变的是审美情趣；改变的是消费的效率，不变的是生活意义。

2023 年 9 月 23 日在杭州开幕的第 19 届亚运会，吉祥物"江南忆"是 3 个机器人，灵感分别来自良渚古城、杭州西湖和京杭大运河。这不再是一般意义上的碰撞融合，而是东方精神与数字生活的重新演绎，所谓"风雅处处是平常"。在杭州这样一个诗画之城与数字之城，这种"浪潮"表现得尤为可感。

数字生活是年轻人的当下处境，又似乎并非完全是他们的题中之义。在高效便捷之外，他们开始在数字生活中呼唤一种向内、朴素、古拙的精神回归，探求内心的笃定和安全感，找寻生活在当下的意义。如将不尽，与古为新——"数字回流"正成为一种新的趋势深入日常，佛系生活、复古智能甚至城市漫步都是某种显性表达。它们通过回眸过去的精神和文化，激活数字生活方式，为后者注入新的审美体验和内涵，既回应了年轻人的社交语境，满足了年轻人的个性需求，也在以新路径重新构建年轻人的消费模式。

数字回流，不是数字技术的回撤，而是用数字路径考古精神内核。

故宫特展"照见天地心——中国书房的意与象"现场，亦真亦幻的科幻香雪世界。（图片来源：故宫博物馆官方网

一、在书房、戏院和庙宇中寻回"精神源头"

彼得·科斯洛夫斯基曾讲："技术去蔽的方式是文化的方式，带有人的自我感知、人的目的及人的社会性烙印。"这种文化的方式，实质是一种精神的方式，表现为外在的精神审美和内在的精神秩序，在当代中国语境下，则是一种"与古为徒"的精神内核，理解中国数字生活的精神源头应于此开始。

进行了诸多"数字回流"探索的故宫博物院是典型代表之一。2022 年故宫特展"照见天地心——中国书房的意与象"，作为一次相对大胆的尝试，在年轻人中不出意外地出圈。这是一个贯穿传统与当代的"书房展"，通过"委怀琴书""正谊明道""结契霜雪"三个单元，以书房为主题，串联起不同朝代和时期的珍贵古籍、字画、器物等，展示中国书房的精神内核，更以数字手段融合当代艺术，探讨如何赋予"书房"这一意象以时代精神。策划和展陈的过程，也同步发布在了故宫和腾讯共同出品的纪录片《因为书房》。

区别于过往传统的文物展，这次展览借助数字技术激活精神文化，展开了一场历史与现代的对话。比如，展陈当代艺术家徐冰的作品《读图的基因》，以当代图像符号翻译经典名作《兰亭序》。又如，借助裸眼 3D和体感交互，还原乾隆的"香雪"书房，叙事"仰观香雪海，坐觉太虚宽"的境界。整个展览非常注重运用光和装置表达空间语境，在营造书房的过程中，采用宣纸展墙、流线型展台等，给予人强大的视觉冲击，引发共鸣。

作为故宫的忠实粉丝，笔者曾多次前往参观，现场年轻人占多数，端详交流古典书房的仪式与意境的诗意，反衬当代职场与生活的一张一弛。

策展人、故宫博物院研究室主任王子林老师在谈及展览时提到，"今天城市中的人们都搬到楼房中，古代意境的书房很难看到了，但我深信我们每一个人的心中还是存在一个隐藏的书房，这是每个中国人心中的书房情结，这个情结是文明传承的基因所形成的。"书房展览能在年轻人中大火，或许正因为他们心中都藏着一间精神书房。故宫的此次特展，借助真实、可感的数字化手段，更加焕活了临场体验，让年轻人找到了精神生活的栖居地。

以精神共鸣为载体，指引当下数字生活的策源地，不止在博物馆。以《雪宦绣谱》为代表的新戏剧，也成为年轻人精神消费的新内容。这部剧由中国戏剧梅花奖得主、国家一级演员董红老师领衔，巧妙地将苏绣和锡剧两大艺术瑰宝结合，以江南刺绣为背景：由沈寿童年学绣开始，经过京城献绣、绣惊盛会、南通教绣、研绣名作，到完成绣谱名篇《雪宦绣谱》，展现了一代绣圣以"绣"为人生价值的精神境界。

这部剧的特别之处在于，跳脱出以往"旧瓶装新酒"的内容模式，大胆地运用现代舞美元素和多媒体手段，借助全息影像，完美地呈现沈寿先生刺绣作品的美轮美奂，恰到好处地运用现代舞台灯光表现、道具装置等，给观众身临其境之感，让年轻人直呼原来锡剧可以这么动人。更重要的是，很多人被戏剧中的精神感染，由此而成为戏迷，并自发聚集为兴趣小组，在网上讨论分享相关作品和体会。传统戏剧成了人们精神审美的重要组成部分，为数字生活注入了新的能量和内涵。

在精神秩序方面，当代人对内在精神疗愈的需求，似乎比以往任何时候都更迫切。从颂钵音乐会、园艺疗法、芳香疗愈，到正念冥想、寺庙游。更有甚者寻求于线上，从 AI 助眠到虚拟疗愈师、电子木鱼，虽不能身至，但仪式感不能缺少，以种种方式，寻求精神秩序的片刻休憩。

与此同时，精神消费的相关产品也深受年轻人欢迎：永福寺门外的"慈杯咖啡"成为社交平台的新晋流量货币；"YIN 隐"以传统文化为灵感推出太极系列、月相系列首饰，中国哲学思辨与当代美学巧妙融合……在物质丰富，消费便利、高效的生活当下，当代年轻人如游走的浮萍，不断找寻消费背后的精神指南，以此冲抵面对现实的无力感、焦虑和不安。

《庄子·人间世》有言："内直者与天为徒，外曲者与人为徒；成而上比者，与古为徒。"与古为徒，逐渐显化成当代年轻人数字生活的精神源头，为当下无序的生活找到一种确定的秩序感和安全感。在追求效率至上的时代，提供慢下来、静下来、停下来的体验路径和思考方式；在被"996""007"裹挟的空间里，成为对抗内卷、消弭内耗的疗愈之法。与古为徒，帮助年轻人开始找到数字生活的精神意义。

张家港市锡剧艺术中心创排的原创锡剧《雪宧绣谱》。（图片来源：张家港市锡剧艺术中心）

二、濯古开今，数字回流的题中之义

在"与古为徒"的精神指引下，"数字回流"向更多的维度延展，新的年轻消费精神指南在这一过程中逐步拼绘而成。

"数字回流"实质上是在追求一种新的审美体验和内在秩序，离不开对传统内容的解构，也需要在当代语境中进行重建，将精神元素和内容融入当下消费者的生活情境，融入每一个细小需求，从而持续激活用户心智，构建品牌内容与用户之间的心流体验。它为年轻消费注入新的内涵，既是消费需求的创造者，也是消费需求的满足方。众多新商业品牌正在将目光投向于此，在最本质的要素中寻求共振，打开新的消费增长空间。

重习传统，提炼精神，代入当下，创造新生。这是新商业品牌的数字回流路径，也是品牌在新消费时代成功突围的方法。从传统精神中来，向当下生活中去，以传统赋能当下，以当下呼应传统，众多商业品牌正通过践行这一方法，赢得年轻消费者的青睐，实现破局。从数码产品的复古潮流到像素风运动的火热，都是当下趣味与旧时代情感的再连接。特洛克（Trozk）红白机插座，将红白机设计与插线板结合，复古的配色，融合LED数字宽幅屏幕，和后半部分黄金坡度15°的设计，不仅解决了让人头疼的绕线问题，更让插座变成了桌面艺术品；以霸王茶姬为代表的新茶饮品牌，以中国红为品牌底色，在产品包装和门店设计中大量地运用戏曲文化元素，形成国际大片风格的表达方式。

致广大而尽精微，极高明而道中庸。这是新商业品牌数字回流的精神内涵，亦是品牌精神的必然选择。将人文精神注入产品开发，融入产品的每一个细节，在追求卓越性能的过程中，找到消费者价值普惠的平衡点。

当下，以当下 呼应传统

以传统赋能 当下，以传统

霸王茶姬品牌宣传影片。(图片来源：霸王茶姬品牌官方网站)

未来成功的品牌都不再只是消费品，而是文化与意义的容器。

这样的精神内涵正引领着众多品牌找到忠诚的年轻拥趸。

以梵几为代表的新家具品牌，围绕"生野安室"的理念，每件家具都经匠人的亲手打磨，保留天然纹理与质感，暗含对自然之道的珍视；又或是以观夏、馥生六记、黑爪、七寸九等为代表的本土香薰品牌涌现，找寻独属于"中国味"的香气意境，打造东方本土成分的供应链体系，坚持中国文化与年轻消费的"长期主义"。

未来成功的品牌都不再只是消费品，而是文化与意义的容器。其背后也不仅是与古为徒，更是濯古开今。品牌需要在传统与当代、过去与未来之间找到立足点，找到新品类创造的机会。在这样的含义中，数字回流的商业创新，既包括"传统中的价值"在数字时代重新定位与塑造自身，也包括"新消费的观念"如何找到生活方式的本源，完成意义上的知行合一。

有人说中国所有品类的消费品牌都值得重做一遍，这种"重做"本质上并不是数字效率的提升或市场的下沉，亦不是传播故事的翻新，而是向内窥视，真正找到品牌厚积薄发的根在哪里，年轻人的"心"在哪里，从生活意义的同频共振处出发，去融入数字时代的语境与路径，形成品牌的新面貌和当代意义。

梵几早期莫干山广告大片，传递品牌广告语"生长于野，安于室"。(图片来源：梵几品牌官方网站)

生活考古观

三、数字回流是一种方法，始于人而终于人

数字回流的涓涓涌涌，是商业文明的某种进步。其是消费者的内在需求回归，更是技术发展、内容能力、社交机制的综合结果，推动螺旋式的向前发展。技术是基础保障，内容是关键驱动，社交是连接载体。三个要素协同进步，勾勒出数字生活包容多元、高效创造、真实可感的面貌。对这些要素的持续开发，也将是新商业品牌持续拥抱年轻消费者，锻造商业新竞争力的必然选择。

以新技术呈现"旧"内容。无论是"5G+AR"将虚拟场景和现实舞台相结合，让唐代的乐俑"活"起来，为观众带来"鬓云欲度香腮雪，衣香袂影是盛唐"绝美体验的《唐宫夜宴》；还是将科技和年代感完美演绎，恰到好处地将高性能的机芯结构、优质动磁唱头和针压调节系统，与具有人文精神的外观设计相融合，带给听者远超数字音箱的音质听感的赛塔林黑胶唱片机；又或是融合最新情景装置艺术与舞台沉浸技术，倾情上演一幕幕关乎《红楼梦》的故事，讲述人人心中的"红楼一梦"。

如果说，今天是品牌最好的时代，那一定是因为高效、便捷、可获得的数字基础设施提供了坚实基建。基于"积木式"的工具选择和组合，为商业情境的展开带来了无限的想象空间。但技术也从来都是手段和工具，通过技术升级过去的商业场景，弥补内容本身的时间和空间限制，拉近与用户的距离，让用户能够快速地进入情境，和场景产生互动连接，是未来新商业品牌抓住消费者需要思考的重点。

以新技术焕活"旧"场景。以"猫王音响"为代表的品牌，不仅在产品外观上反其道行之，带给用户"复古"的使用体验，更通过打造内容操

作系统，让音箱更懂用户，基于内容推荐算法，实现千人千面的用户感知和音乐推送，实现深度连接和陪伴。又或是以"元古"为代表的中式生活品牌，从二十四节气中汲取灵感，提供创意茶饮、餐酒及甜品等，让中国传统吃食以充满人文美学的面貌呈现，透过宋代风格的美学空间，为用户提供一处数字生活下的"世外桃源"。

朱光潜先生在《谈美》中写道："所谓美感经验，其实不过是在聚精会神之中，我的情趣和物的情趣往复回流而已。"人文精神的内容注入，为品牌和用户之间形成心流体验提供了桥梁，挖掘、运用恰当的内容，与产品有效融合后，不仅让消费者可以快速与产品所传递的理念产生共鸣，更是品牌有别于同类，在消费者心中形成差异化认知的有效途径。

社交平台是数字回流浪潮的推动者，也是被重制的对象。以小红书为代表的生活方式平台，回到更真实的生活内容分享——以更彰显个人品位的慢直播，打破卖场式直播的狂飙焦虑；在短视频盛行的今天，图文的一席之地大放光彩。平台形成了独有的口碑模式传播和社区关系连接，成为"数字回流"生活方式的策源地，也成为品牌和消费者连接的坚实纽带。

数字回流始于人而终于人，天然具有人文的情怀和情感的温度，在商业层面，这成为基于真实社交关系传播和连接的基础。基于此，品牌更需要以用户为本，关注用户的社交需求，创造社交场景下数字回流类型的内容触发、分享的渠道和途径，激发用户传播和分享的欲望，增进对品牌的价值观理解。如何建立"自传播"的机制，也将是品牌可持续增长的长期命题。

数字回流是商业文明的进化，更在重新绘制年轻一代消费的精神指南。这种"生活考古"的背后，是品牌领先一步的机会窗口，也是品牌革新的一次洗礼。因为，数字时代，回流是一种能力，更是一种方法。那些积极拥抱数字回流的品牌，将在这种重绘中实现品牌的观念跃迁和新价值创造。

河南春节晚会舞台表演节目《唐宫夜宴》，传统画卷与数字科技完美结合，展现创意精美的舞台效果。（图片来源：河南省广播电视局官网）

IP^① 重制：经典再临的现实意义

从国内外电影节越发普遍地设置经典影片修复单元，到"芭比海默"席卷社交网络，人工智能带来的效率提升和技术门槛降低，使得经典 IP 不再因时代技术局限留下遗憾，也带来人人成为创作者的可能。技术加持下的 IP 复活给产业带来新的想象空间，也重塑人们的时代记忆

---

① IP，Intellectual Property，直译为知识产权，可理解为所有成名文创作品的统称。

一、IP 重制是 AI 的全面胜利

从索尼 F65 摄影机以 120 帧超高帧进行 3D 拍摄的《比利·林恩的中场赛事》开始，人们达成了一种共识：不同画质版本的电影是不同的电影。

当时，影片为了适应市场，导演李安在后期用 3 个月的时间制作了多个版本，包括 3D/4K/120 帧、3D/2K/120 帧、3D/2K/60 帧、3D/2K/24 帧等不同画质规格，每个版本都是重新创作。4K 版本比 2K 版本清晰 4 倍。但对于多数观众所能看到的 3D/2K/24 帧版本而言，因为影片本身是用 120 帧拍摄的，所以即便用 24 帧来播放，画面信息量仍会是普通 24 帧电影的 5 倍。

这部电影上映 7 年后的今天，更多参数术语在我们打开视频应用、音乐播放器时出现，"HDR10""原画""无损""超清母带"……无须研究每个词背后究竟有着怎样的技术含量，只需要知道这些是尊贵的会员特权。我们习惯了高清晰度与高音质，以至于如 CCD 相机般的粗糙画质成为一种风格潮流。因此，就像是出版社每过几年就要给世界名著更换装帧一样，当 AI 修复技术成熟，从游戏动漫到影视剧，诸多历久弥新的 IP，不可避免——成了"被 AI"的对象。

2019 年前后，AI 的加入让老片修复效率大大提升，《新世纪福音战士》修复版在奈飞（Netflix）上线。国内各大流媒体平台也纷纷推出老片修复计划，如爱奇艺的"全球经典拷贝修复计划"和"经典电视剧数字化修复工程"，优酷的"经典影剧修复计划"……在这一时期，AI 壁垒有限，平台之间难以通过技术呈现拉开差距，最终还是靠 IP 资源库带来差异化。

曾经修复的重点集中在锐化去噪、超分辨率、色彩增强等方面，但随着生成式人工智能（AIGC）大模型发展一日千里，现在的老片修复开始考虑更深层面的艺术追求。2023 年 8 月，中国电影资料馆、抖音、火山引擎发起"经典香港电影修复计划"，未来一年 4K 修复百部经典港片，针对老片修复场景，对 AIGC 视觉大模型进行了算法优化。技术难点不再在于如何"修旧如新"，而在于如何"修旧如旧"，让 AI 算法能够懂得艺术美学和画面情感，保留旧片艺术风格的同时修复画面，相信会通过 AI 的自我进化与技术工程师的人机协同实现。当下 AI 对 IP 的二次创作也已展露端倪。IP 重制是 AI 的全面胜利，然而，我们更期待未来是创作者的全面胜利。

二、IP 重制是创作者的被颠覆与自我颠覆

提到"IP 重制"，很多人最先想到的可能都是游戏。游戏领域的旧作翻新有"重制""复刻""移植"三个概念。"重制"（remake）是基于经典作品，重新开发一款新游戏，类比影视行业的"翻拍"，成本最高。"复刻"（remaster）和"移植"（port）经常同时出现，是指将一款游戏复制到其他平台，并通过转码等手段使之适应新一代硬件，类似于影视行业的"修复""重映"。

真正驱使"重制／复刻"这一模式深度影响现代游戏产业的，是卡普空（CAPCOM）于 2019 年推出的一款经典游戏的重制版，由于出色地重新演绎了经典，并满足了玩家对游戏音画升级的需求，重制版屡获大奖、销量超千万份，树立了游戏重制的标杆。它同时改善了市场对重新推出旧作这一行为的印象，"炒冷饭"也不再是全然的贬义词。之后，每年都有大量的游戏沿袭"重制／复刻"的路径，从一直拒绝重制的暴雪推出《星际争霸》重制版，到像素复刻版《最终幻想 4》。游戏匹配硬件的性能提升与新的传播介质平台成为不可逃避的趋势：一方面，是借此主动提升 IP 对新玩家的吸引力，让某些 IP 的生命周期被延长；另一方面，是来自老玩家本身的呼声推动，有些经典 IP 始终新鲜，在社交网络中被频繁二次创作。

技术难点不再在于如何『修旧如新』，而在于如何『修旧如旧』。

《武状元苏乞儿》修复前后对比。
（图片来源：场景实验室）

修复效果

修复后

在哔哩哔哩（bilibili，简称 B 站）上搜索"高清修复版《红楼梦》"，会出现多个版本，仔细看会发现都并非官方发布，而是来自几位 up 主[①]的"为爱发电"。其中最细心的一位 up 主给剧集添加了仿宋体台词字幕，甚至歌词和标题都使用了与原版相同的反角隶书，评论区则在感恩 up 主的同时担忧收藏量太高导致视频被审查下架。尽管无一例外注明了"仅供学术交流"，这类自发修复的影片剧集仍有着不可避免的版权争议。但就播放量的普惠程度而言，这些"为爱发电"的修复版已经是对原版的一种颠覆。就如同"AI 孙燕姿"不是冷门歌手的时代调侃，而是 AI 时代人人创作的现象级表达。

不欲被他人颠覆者，需要自我颠覆。"重制浪潮"之下，音乐领域有很多创作型歌手也开始重新制作自己当年的经典歌曲，或弥补当年囿于技术条件的遗憾，或加入新的灵感和流行元素。陶喆在 2023 年 7 月发布《流沙》（重现版），这首歌的初始版本发布于 1997 年，一直被频繁翻唱，于是原唱索性重新演绎，"重新编曲做到让自己也欣赏的程度"，单曲发布的同时也制作了 MV，让这首经典歌曲第一次有了画面。新版本发布同时让旧版本的播放量大涨。泰勒·斯威夫特（Taylor Swift）更是接连推出了三张重制版专辑，有趣的是，版本备注没有使用"re-"前缀的单词，而是每首重制歌曲都被冠名以"Taylor's version"（泰勒版本）。这意味着新版本是创作者完全意图的呈现。

我们不断地看到，技术让许多 IP 的生命在新时期被复活，但过于夸大 AI 技术的价值，将其看作一剂创作者的后悔药与万灵丹也大可不必，因为 IP 首先得是经典才有重制的价值，少有明珠蒙尘的作品因为重制而成为经典。IP 重制的前提，始终是深度理解和挖掘 IP 内核。

"精神上继承经典，技术上适应时代。"IP 生命力的持久，来自人们对其热爱的持续，更本质上，来自创作者的创作生命力不息。IP 的价值来自内容精神，IP 历久弥新，更迭的技术则赋予 IP 时代的水印。作为用户和消费者，我们必然会越来越习惯这样一种数字生活的文化重制与记忆更新。

---

① 即上传者，网络流行词。是指在网站、论坛、ftp 站点上传视频、音频文件的人。

贰

暗示感消费

能量自洽与移情方案

SUGGESTIVE CONSUMPTION

暗示感消费：对于自我概念的探寻

文 / 谷承波、姜佟琳

谷承波　本科毕业于加利福尼亚大学尔湾分校，学习社会学和人类学，以跨文化的视角探寻不同地区的历史和人文风情，现为北京大学心理与认知科学学院硕士研究生，参与过《社会心理学》《人格心理学》《文化心理学》《发展心理学》等多门心理学专业课程的学习，目前正在参与学院关于自我以及幸福生活的心理学研究项目。

姜佟琳　北京大学心理与认知科学学院研究员，博士生导师。《个性与社会心理学》（*Journal of Personality and Social Psychology*）杂志青年编委，中国心理学会人格专业委员会委员，北京心理学会第十届理事会理事，国际自我与认同学会（The International Society for Self and Identity, ISSI）执行委员会委员。研究关注自我概念、意义感、复杂情绪。研究成果发表在多本权威专业期刊，主持国家自然科学基金青年、面上、合作交流项目，教育部产学研合作项目，北京大学临床医学 +X 青年项目。

探讨暗示感消费的心理机制，我想从当下年轻人的社交显学 MBTI 聊起。

MBTI 有多火爆呢？根据千瓜数据发布的报告，2023 年上半年在小红书，和"MBTI"相关的笔记增长了 272.53%，互动总量增长 253.57%，分享总数增长 272.77%。仅仅在小红书一个平台上，话题"万物皆可 MBTI"的浏览量超过 13.85 亿，总互动量 407 万。在微博上，相关话题的阅读量高达 34 亿。伴随着 MBTI 的热度，各类衍生品层出不穷，e 人香水、i 人书单、e 人出门必备单品、i 人独处必备 App……在 i 人和 e 人大讨论之后，j 人和 p 人的人格类型与生活方式又成为新话题。

那么，MBTI 为什么在当下成为人们解释自己的主流标准？

MBTI 的起源，我们不能绕过心理学家卡尔·荣格（Carl Jung）。荣格独特的人格理论，认为所有人基本有两种大的倾向：内向和外向。内向的人倾向于探索内心，表现出来的性格是安静、爱思考和害羞、退缩的。外向的人倾向于探索世界，表现出来的性格是喜欢交际和乐于助人的。在两种倾向之外，荣格还区分了四种心理功能，分别是思维、情感、感觉和直觉。两种倾向和四种功能相结合，构成了八种人格类型。

后来美国作家迈尔斯（Myers）和她的母亲布里格斯（Briggs）在荣格的理论基础上提出了 MBTI 人格理论（迈尔斯 - 布里格斯类型指标）。与荣格的理论略有不同，MBTI 将内外向设置为一种维度，并且加入了"判断 - 知觉"这一新维度，因此 MBTI 最终的四个维度如下。

精力支配：外向 E- 内向 I　　　　认识世界：实感 S- 直觉 N

判断事物：思维 T- 情感 F　　　　生活态度：判断 J- 知觉 P

四个维度的偏好两两组合，构成 16 种人格类型。

MBTI 在日常生活中被广泛接受，简单说，其为巴纳姆效应的表现。巴纳姆效应是指人们常常认为一种笼统的、一般性的人格描述能十分准确地揭示自己的特点，当用一些普通、含糊不清、意义广泛的形容词来描述一个人时，其往往更容易接受，并认为描述中所说的就是自己。尽管从学术界的角度出发，MBTI 由于本身没有理论基础，导致它的结构效度不高，同时它和学界主流的一些人格测验（如 NEO-PI）之间的关联效度也很低。通俗地讲，MBTI 是一项并不严谨、没有人们想象中那样准确的测验。但是，站在大众日常生活的角度来看，它与人们想要了解自己的需求不谋而合。在一些世界 500 强企业（如麦肯锡和 IBM）中，它也常常被用来标记员工。

建筑师
INTJ-A / INTJ-T

逻辑学家
INTP-A / INTP-T

指挥官
ENTJ-A / ENTJ-T

辩论家
ENTP-A / ENTP-T

提倡者
INFJ-A / INFJ-T

调停者
INFP-A / INFP-T

主人公
ENFJ-A / ENFJ-T

竞选者
ENFP-A / ENFP-T

物流师
ISTJ-A / ISTJ-T

守卫者
ISFJ-A / ISFJ-T

总经理
ESTJ-A / ESTJ-T

执政官
ESFJ-A / ESFJ-T

鉴赏家
ISTP-A / ISTP-T

探险家
ISFP-A / ISFP-T

企业家
ESTP-A / ESTP-T

表演者
ESFP-A / ESFP-T

MBTI 十六种性格的拟人化。（图片来源：16personality 官网）

生活考古观

一、把 MBTI 作为样本：
有清晰的自我概念，才有可解释的暗示感消费

无论从什么程度上接受 MBTI，是相信它的科学专业性，或是探寻它带来的社交价值，或者为它的一系列衍生产品和服务付费，都已经成为一些消费者的主动选择。这让品牌方无法回避它的用户价值，并从营销策略、产品研发上主动拥抱 MBTI。从心理学视角，围绕 MBTI 的消费现象，具有代表当下的样本价值。

首先，这是一种为了满足自我概念而进行的消费选择。传统消费的出发点更多集中于功能性上，"MBTI 向消费"则完全依赖于"自我图式"。自我图式是指我们用来组织自己相关信息的一套自我信念，通俗地讲，就是我们先对自身有一个预先的判断，然后才会购买符合自身类别的产品，将我们对于自我的信念显性化。与之类似的现象，如幸运色穿搭、能量石手链、数字牌项链……清晰的自我图式，可以带来目标明确的消费决策，这又让生活的走向被自己主导和调教。

其次，"MBTI 向消费"为我们提供的是可把控的确定性，可缓解日常生活中的焦虑。当自我信念不稳定时，人在生活中就会感受到不确定性，而人脑会自发地将这种不确定性判定为威胁。比如，作为一个 i 人，需要面对惧怕的开放式谈话，这种行为和自我概念的矛盾会给 i 人带来极大的焦虑感。那么，喷一款 i 人专属香水，换上 i 人手机壳，演讲前留一个 i 人必需的独处时间，以及掌握几个适合 i 人的演讲技巧……这一套准备工作是面向自我的仪式感，为自己在被挑战的场景中创设一个自洽、安全的场域。

总结以上两个特性，从"MBTI 向消费"说起，我们将这种趋向于符合自我概念，并且为自身提供积极能量的消费选择称为暗示感消费。

MBTI
淘宝
〈消费性格报告〉

像水晶球占卜 (N-直觉型)
感觉很对
(feel)

(F-情感型)
像中意的小熊 (LOVE)
为爱上头

像罐头一样 (S-实感型)
Keepreal
(cool)

像国际象棋般 (T-理智型)
(mind) 人
间 清
醒

(J-判断型)
像无畏的寻宝者
忠于
结果
(result)

像游戏高手般 (P-理解型)
乐在当下
(enjoy)

(E-外向型)
你像路冲板一样
(action)
主动出击

(I-内向型)
像复古黑胶碟的
漫
(myself) 独家浪

淘宝人生推出 MBTI 消费性格 h5 报告页面，8 个商品元素象征着 MBTI 理论中的 8 种性格特质。(图片来源：淘宝网)

部分现代人会通过社交媒体分享自己每天都随身携带的物品来传达自己的个性。(图片来源：UNSPLASH)

二、暗示感消费的能量机制：
只有我懂的仪式感和主动创造的幸福感

暗示感消费又是如何带来能量的呢？我们可以从心理过程和结果两部分了解它背后的机制。

1. 自我证实

自我证实（self-verification），是指人们主动寻找和解释情境，以证实自我概念的过程，这一概念是得克萨斯大学教授威廉·B. 斯旺（William B. Swann）提出的。在他的自我证实理论中，自我证实的发生是因为我们都更喜欢别人以我们看待自己的方式来了解我们，希望他人能和自己的观点保持一致。

人们想要规避不确定性，这是人与生俱来的本能，自我证实便是一种规避不确定性的方式。在自我证实的过程中，一致性的保持为我们提供了生活的稳定感，使得人们感知到自己的经历更加连贯、有组织并且容易理解。对人际交往来说，自我证实表露的自我概念，也能让我们和他人相处时的行为更加容易预测和管理，这种稳定性不仅有助于我们对自己的认识和评价，还可以减少我们在日常生活中感受到的焦虑。

总的来说，稳定的自我概念就像船的舵，能够增强信心。若以一致的方式感知，则可以控制社交互动的感受；若以不一致的方式感知，则可能会引起心理状态和人际关系上的混乱。

自我证实体现在日常的很多仪式感行为中，它们往往都和自我概念相吻合。比如每天随身携带的物品（Every Day Carry，EDC），"从 EDC 看你是哪种人，超准"是经久不衰的热门话题；比如每日穿搭（Outfit of the Day，OOTD），每日穿搭代表每日心情，而且每天认真穿搭，也是开启高能量一天的自我暗示；又如，家里的仪式感单品，一个懒人沙发、一盏氛围灯、一棵特别的植物……都成为"懂即自我"的情绪符号。

2. 自我证实带来的益处

"自我证实 - 证实自我概念"的过程，可以带来稳定性和确定感。具体来说，自我证实提升的是什么呢？其实是自我概念的确立。说到自我概念，我们在这里强调的是自尊和自我概念清晰性。

①自尊

自尊 (self-esteem) 与通俗意义上的自尊心有相似之处，它是自我概念中和情绪相联系的部分，是指一个人如何肯定与赞扬自己。自尊在我们的生活中起到了非常重要的作用。根据马斯洛的需要层次理论，人们从低到高有五种不同的需要，它们分别是"生理需要""安全的需要""对于爱和归属感的需要""对于尊重的需要""自我实现的需要"。在马斯洛的理论中，当低层次的需要被满足后，高层次的需要才会出现。换句话说，只有人们满足了"对于尊重的需要"，才有机会追逐自己的终极目标 —— 自我实现。同时，一个高自尊的人在生活中往往对自己的评价会非常正面，即便同样会在生活中遇到困难，但他们通常能够积极面对，因此这些困难不会给他们带来长久的负面影响。

最重要的是，自尊和我们的幸福感息息相关。早在 1981 年，来自美国密歇根大学的阿格斯·坎贝尔（Argus Campbell）教授就在研究中发现，自尊作为一个变量，可以预测人们的生活满意度，高自尊的人往往生活满意度更高。随后美国伊利诺伊大学教授埃德·迪纳（Ed Diener）和玛丽莎·迪纳（Marissa Diener）在此基础上进行了一系列跨文化研究，他们对来自 5 个大洲，31 个国家，49 所大学共计 13118 名学生进行了测验，测验内容包括让学生们评定自己的家庭满意度、友谊满意度、经济满意度、对自身的满意程度（自尊水平）以及对生活的满意程度。经过分析发现，对自身的满意程度和对生活的满意度相关系数高达 0.47，在所有的预测源中排名第一。

除此之外，对高自尊的人来说，他们在对生活整体感到满意的同时，也对自己的家庭、友谊和经济条件这几个方面普遍感到满意。从以上的研究中我们不难看出自尊对于人的重要性，它可以为人提供能量，帮助人积极面对生活中的困难，拥有高自尊往往意味着感到更多的幸福。

自尊在消费行为中的表现则是，对于物品的价值判断往往超越价格，

用年轻人的叙事方式的文案内容打动年轻人，图为超级
植物的放青松产品。（图片来源：本文作者拍摄）

重视物品给购买者带来更直接的幸福感与自我满足。所以我们说，锚定价值感的"务实消费"正在成为这个时代的消费主旋律。比如基本款流行，但一定要借由创意去搭配出个性和精致；肯德基的疯狂星期四被期待，是每周一次的社交狂欢；临期店品牌进驻商场、奥特莱斯被年轻人追捧，成为消费自由的新体验；手打柠檬茶、生椰拿铁、气泡美式、燕麦杯……每个爆款都可以在家自制。看似追求性价比，其实是因为对"我"的价值的肯定，让它们成为更富有精神性的生活象征。务实消费才是骄傲消费，它的心理机制正是"自尊"带来的。

②自我概念清晰性

自我概念清晰性（self-concept clarity）是指一个人的自我概念的各个方面界定明确、内在一致，并且随着时间的推移保持稳定，它在自我概念中是和认知相联系的部分。自我概念清晰性对于我们的行为会产生极其重要的影响。研究发现，不清晰的自我概念会导致自我连续性降低，即自我概念不清晰的人难以将自己过去、现在和未来的经历连成一个整体。进而，人会难以处理与自我相关的信息，无法用这些信息来指导自己的行为，也更容易受到无关刺激的影响，从而妨碍对自己行为的控制。换句话说，自我概念不清晰的人不清楚自己是谁、想成为谁、要做什么，最后随波逐流，人云亦云。

研究人员进一步发现，低自我概念清晰性会降低人的自控力，带来诸如拖延、犯懒、只顾眼前小利、不考虑长远的弊病。如果有一项活动可以提高自我概念清晰性，是不是就可以避免这些情况出现？实际上，我们日常的很多行为已经在不知不觉起了作用。探寻自己，认识自己，彰显自我身份的消费为人们提供了认识自己的相对简洁且日常可用的坐标。在消费取向的暗示下，人们自然而然会顺着相应的轨迹行动，长此以往便形成习惯，对自我的认知逐渐清晰并行动一致。

三、暗示感消费的启示：
放弃宏大叙事，品牌成为个体与自我对话的界面

　　总结以上，暗示感消费的本质是自我证实的过程，它使得我们的行为和自我暗示保持一致，从而影响自我概念。在认知层面，它提高了自我概念清晰性，让我们更加明确自己是什么样的人，从而不再受到外界噪声的干扰。在情绪层面，它提高了自尊，使得我们可以在生活的困境面前保持积极和乐观的心态，拥有勇气面对未知的挑战和困难，从而更容易感受到幸福。

　　面对物质生活的过载和生活环境的变量增加，暗示感消费是年轻人主动创设的个体生活信念。在不断向内审视的消费周期，更多生活细节成为情绪锚点，可自我解释的情绪符号与情感代偿成为消费新决策。品牌们也不得不反求诸己，重新看待那些正在失效的宏大叙事，品牌不仅要成为精神符号般的抽象存在，还要具化为消费者与自己对话的界面，让品牌价值转换为可深度共鸣的个体认同感，才能参与年轻人探寻自我概念的过程。

参考书目和文献

1. 温竞华 . 风靡社交网络的 MBTI 人格测试，究竟是科学还是玄学？ [EB/OL]. （2022-04-19）[2023-11-1]. http://www.news.cn/2022-04/19/c_1128575052.

2. 侯玉波，2019. 社会心理学（第四版）[M]. 北京：北京大学出版社 .

3. Diener, E., & Diener, M. L. (1995). *Cross-cultural correlates of life satisfaction and self-esteem. Journal of Personality and Social Psychology, 68(4), 653–663.*

4. *Handbook of theories of social psychology Volume2*, Edited by Edited by Paul A. M. Van Lange; Arie W. Kruglanski; and E. Tory Higgins /

5. Swann, W. B., & Read, S. J. (1981). *Self-verification processes: How we sustain our self-conceptions. Journal of Experimental Social Psychology, 17(4), 351–372.*

6. Emery, L. F., Gardner, W. L., Carswell, K. L., & Finkel, E. J. (2018). *You can' t see the real me: attachment avoidance, Self-Verification, and Self-Concept clarity. Personality and Social Psychology Bulletin, 44(8), 1133–1146.*

7. Jiang, T. *#, Wang, T. *, Poon, K.T., Gaer, W., & Wang, X. (2022). *Low Self-Concept Clarity Inhibits Self-Control: The Mediating Effect of Global Self-Continuity. Personality and Social Psychology Bulletin.* In press.

8. Jiang, T., Chen, Z., & Sedikides, C. (2020). *Self-Concept Clarity Lays the Foundation for Self-Continuity: The Restorative Function of Autobiographical Memory. Journal of Personality and Social Psychology, 119(4), 945–959.*

暗示感消费的 B 面：主动创设个体生活的能量场

回到生活视角和消费场景，暗示感消费是每个人不断向内审视后更具个体标签的生活方式，督促着我们进入一个"内观时代"。而另一面，也是身处大时代中的个体，为生活所做出的微小且自洽的积极行动回归传统、似曾相识的生活方式，重新成为年轻人的流行，但又展现出全然不同的内涵与精神。

01 年轻人开始流行抱树：无厘头却有意义

文 / 窄播（公众号 ID：exact-interaction）　　作者 / 王露 张娅

树木有了一个新身份，"人类的拥抱对象"。

年轻人，正在把抱树作为一种新型心理按摩方式。相对于其他户外活动，树可以说是一种置身于"附近"的自然，随时随地都可以接触。而相比于观看，拥抱是一种感官触觉，需要更加主动地融入，也就带来了更大的疗愈价值。这是一种个性化、独一无二、双向反馈的"自然关系"。

国内的首个抱树集体活动出现在 2022 年。小红书旅行博主"大理鹿先生"筹办了"2022 大理第一届抱树锦标赛"。当抱树为更多的年轻人所关注，也就有了组织方，比如"一起抱树吧"。"一起抱树吧"在看似无厘头的抱树玩耍中找到了意义。它在微信公众号的自我介绍中写道："抱树是一种生命间的连接，是和确定感的连接。"

从各位"抱树者"的故事分享中，可以总结出这种确定感包括了三个维度。

一是人与树之间的连接。在一些爱好者看来，与树拥抱的感觉与众不同，坚实、安静、稳固、踏实。这份拥抱无声地传递着温度，构筑了一份倾听自我心声的私人空间。"抱树，就像是在拥抱另一个自己"是众多抱树者的共同反馈。

二是人与土地之间的连接。不少爱好者认为，树是一个驻扎于土地的"生命网络"，串联着土地上的众多生命。也因为拥抱这一动作，人和土地的各种连接正在悄然发生。

年轻人的抱树活动。(图片来源：本文作者拍摄)

三是人与人之间的连接。在"一起抱树吧"围绕树的"自然＋社交"活动中，职业、性别或年龄等社会标签被忽略，i 人、e 人都有了自由发挥的空间。在抱树活动中，没有参与者，只有快乐共创人。这份共创也模糊了组织者和参与者之间的区隔界限。

在确定感之外，抱树也延伸出了一些"不确定"的玄学。

在一些个人分享的抱树故事中，树开始有了人格，不同的树有不同的性格和好恶。一些好运和厄运似乎冥冥之中是大树在暗中发挥作用，能量获取、能量反噬、能量治疗等一系列词语给抱树这一行为披上一层神秘面纱。

"抱树"热潮更是像一颗种子，还处在萌芽的过程中。这份萌芽是自然观察、体验和疗愈的开始。和抱树一起兴起的"抱树疗法"概念，也从某种程度上提升了大家对植物疗愈的认知度。

更重要的改变是，疗愈在不知不觉中已和"远方"脱钩，成为一种行动日常。

从空间来看，城市里的公园、草地和马路都有了漫行的深度体验，如爆火的城市漫步；从生活方式来看，吃穿住行都在向"悦己"的方向进行消费升级，品牌为商品和服务纷纷注入情绪价值。"抱树"体现出来的共性趋势是，"感官感受"与"关系连接"成为疗愈经济中越发凸显的价值锚点。

尽管疗愈逐渐泛化，但并不代表这可以发展出一套标准化的、规模化的商业模式。疗愈始终是个性化的、不确定的，谁也不知道哪种方式就突然疗愈了自己。在"疗法"的严肃和"玩法"的轻松娱乐之间，每个人都在游移变动，刻画自己的疗愈曲线。

02 去声音疗愈馆睡觉，做一场"仲夏夜之梦"

文 / 后浪研究所（公众号 ID：youth36kr）　作者 / 普通小夏　编辑 / 杨柳

最近，我发现北京白领们正流行一种新的解压方式：去声音疗愈馆睡觉。

随着都市人们心理压力不断增加，带有一定"神秘"色彩、能够缓解压力帮助睡眠的声音疗愈成为不少年轻人减压的新出口。

声音疗愈，顾名思义就是通过各种声音与身体的同频共振，营造轻松氛围，帮助改善身体和精神状态。自发性知觉经络反应（Autonomous Sensory Meridian Response，ASMR）、白噪声、轻音乐、脉轮调频……各种以改善睡眠为目的的声音概念层出不穷。以"失眠"为关键词搜索，网易云音乐里的一个助眠歌单播放了 1176 万次，B 站上不少颂钵音乐的视频播放量超过百万。失眠大军也同样有助于线下生意，打开大众点评搜索"声音疗愈"，在北京范围内就有近 500 家声音疗愈中心。他们提供的疗愈形式主要包括自然声音音乐会、颂钵疗愈和琴床疗愈等。

一线城市激增的疗愈需求以及高昂的客单价，让声音疗愈师这个职业迅速走入大众视野，社交媒体上的相关课程越来越多。声音疗愈师的盈利模式主要包括个案疗愈、企业活动、行业培训和疗愈物品售卖。目前提供声音疗愈课程的工作室很多，但声音疗愈行业还没有统一的考证认证标准。每一家开设疗愈课程的机构会给学员颁发自己机构的初、中、高级资格证，但是这些证书并不互通。

声音疗愈成为不少年轻人减压的新出口。

声音疗愈体验。(图片来源：Singaporewards 官网)

生活考古观

在这次体验中，我最疗愈的时刻不是躺在沙发里聆听音乐会的时光，而是学习成为声音疗愈师的过程。拿着羊毛毡锤敲击铜钹，专心转动雨棍的时刻里，虽然没有言说，但是我的情绪和想法随着雨声慢慢流走。

乐器成为我表达情绪和身体感受的一种途径。我的自我觉察也在练习中不断加深，意识到原来被最后期限追赶着的日常里，我已经很难慢下来等待一声钵的泛音结束，已经忘记了一场真实的雨是什么声音，更未曾静下来听听这个城市除我之外的其他人的声音。

等到北京下一次下雨时，我会放下手机，打开窗户，专注地去听听一场大雨的节奏究竟有什么变化。

03 新中式东方香，还原记忆中的生活

文 / 第一财经商业数据中心（公众号 ID：CBNData）[①]

后疫情时代，如果要问哪个赛道在逆势增长，香水香氛必然是不遑多让。作为不被口罩遮盖的美丽，香水效应正取代口红效应，崛起成为五感经济中的重要风口。中研研究院出版的《2023—2028 年中国香水行业竞争格局及发展前景预测报告》表明，2025 年，中国将成为全球香水市场的主要增长动力。

与此同时，中国消费者对香水的认知日趋成熟。从好闻、好看到精神满足再到即时愉悦，香水不再是可有可无的装饰，转而成为一种追求个性和自我价值的新生活方式。

彰显个性之外，香水香氛的心灵疗愈价值也正在凸显。从功效上看，薰衣草、檀香等气味能够安抚紧张与焦虑的情绪，柠檬、迷迭香等气味则能专注提升，放松心情。这种由植物和自然本身带来的改善心情与放松舒缓的功效逐渐受到大众认可。第一财经商业数据中心发布的《2023 年香水香氛消费者洞察白皮书》给出的数据显示，72% 的人群认为香水香氛帮助减压，40% 和 39% 的人群则分别较为认可它们的助眠、安神作用。

随着现代社会压力的增大，消费者在不同场合都有放松疗愈的需求，于是不同产品形态的香水香氛化身"全天候心灵疗愈师"，以灵活满足各种使用场景。90 后、00 后年轻一代开始更多地将香水用于工作学习或居家休息等固定场景，80 后、85 后会在差旅和商务场合使用。香氛也不再是卧室专属，开始被消费者在客厅、办公室以及私家车等多个私密与公开场所使用。

[①] 节选自第一财经商业数据中心《风口下的嗅觉经济：消费者在为哪些"气味"买单》。

近年来，东方美学逐渐渗透到各个消费领域中，当传统香道文化与香水香氛相融合，"新中式东方香"由此产生，为品牌带来新的发展机遇。

第一财经商业数据中心调研显示，64%的消费者表示较愿意尝试新中式东方香，还原记忆中的古典氛围是新中式东方香打动消费者的重要方式。数据显示，69%的消费者认为松柏、馥桂等东方植物的概念较能引发他们对产品的想象，53%的消费者则倾向山川、河流的概念。继疗愈价值后，文化乐趣的体验成为香水香氛更进阶的追求。

情感化用香、多场景用香、东方美学、线下体验……中国的香水香氛市场新趋势不断出现。目前来说，消费者关注的情绪疗愈价值、文化内涵和体验都需要得到重视。此外，学会通过产品和消费者建立联系，产生共鸣，也是品牌保持长远发展的必由之路。

叄

极繁生活

专业精神全面整理

复杂日常

MAXIMALISM
LIFESTYLE

极繁生活：不求简单求极繁，年轻人的"生活专家"演变记

文 / 黎卡斯

黎卡斯　　15 年青年文化局内人及商业文化观察者。长年"游牧"在国内多个城市，以社会学与人类学之眼探索当下社会语境中个体与城市的关系，也持续研究及实践于公共文化策展、社会创新与教育创新、青年文化与艺术领域。曾策划"青年日""年轻能力 100 指南""关帝墟""社区艺术 48 小时"社区艺术节等商业 和文化 IP。

在复杂社会中寻求秩序感、确定感、联结感，是个体持续探索与创造的底色，也是我们理解"何谓消费，何以消费"的必要前提。从过去的高速发展转向低飞回稳的时代画面之中，消费的要义走向了又一种趋势的折点。从"万物皆可OOTD""生活方式装备党"到"家庭博物馆"，我们可以从这些微小的消费信号中窥见个体的生活消费方案由简单变得"极繁"，个体在繁复且精细的消费组合中建立属于自己的生活秩序，抵抗不知道什么时候会到来的风浪。

有着这种生存意识与消费方案的年轻人成为"生活专家"。而生活专家从何来、到哪去，我们试图通过宏观至微观的叙述，找出答案。

一、年轻人的消费观底色：
自建小堡垒，抵御大风浪

当社会色彩从普遍积极，渐渐主动走向退行、修复的时候，社会个体—— 尤其是年轻人，已经意识甚至警醒到一个基本且长期的事实：过去数十年来的快速发展与积极自我，其实更多归因于宏观的时势走向；未来下一个、甚至下几个十年的个体发展，已不仅仅只是靠努力就能持续向上发展，而是更考验一个人的长期主义意识与生活耐力。

由此，年轻人的底层诉求变得无比朴实："我是健康的，我是安全的，我是活着的，这比什么都重要。"这句话的背后揭示了未来一段时间内的个体消费者需求，将长期回归"自我的最基本面" —— 从"活得花哨"，转向"活得朴实"。而由此，个体的自我建构、社交关系、生活方式，将长期围绕健康、安全、快乐展开。

健康，指向的是对健康的线下社交关系的长期追求：真实、友好、久伴、尊重，不只是为了找到兴趣搭子，而是更渴求"朋友一生一起走"；也指向对自我身心灵的理解与共处，不只是追求治愈与平衡，而是寻找能长期与身心和情绪和平共处的方法与工具。

安全，将清晰地指向与年轻人密切相关的职场、身心与生活。职场安全有关边界感与职场关系的重新建立，个体会更强烈地渴求职场中的合理保障、职级管理的平等尊重，以及人在职场期间的社交边界；身心安全将回归最小的个体与社区单位，年轻人会从社邻和生活社区环境中主动找到身心安全的最基本保障，借此重建个人与"附近"的物理关系；生活安全有关风险意识与抗风险能力的强化，年轻人正主动寻求合适自己的消费方案以建立足够的抗风险能力，建立稳定、安全的生活节奏。

快乐，则从形容词变为了动词 —— 掌握获得快乐的途径与工具。年轻人逐渐意识到，快乐的获得需要回归"从日常生活中来，到日常生活中去"，只有自我的身心建立在安全与健康的生活基础上，才有足够的能力与驱动力去寻求"普普通通的快乐"，再逐渐放大成为进一步表达和展现自我的能量池。

因此，如果说上一阶段年轻人热衷"断舍离"，是出于对自我的主动审视、有系统有意识地"筛选"出什么才是自己需要的，然后主动做出的生活减法；那么如今，年轻人已快速地走向生活的乘法 —— 以血脉觉醒般的"囤"，来建构属于自己的小堡垒，以抵御长期反复的大风浪。

"囤"成为当下年轻人的消费关键词：不再是无脑冲动的买买买，而是通过"囤"思考什么样的生活"保护罩"才能让自己健康、安全、快乐。因此，当前年轻人的"囤"呈现一种生活中的"极繁主义"：一种复杂、系统、专业的"生活乘法"体系，和围绕个人秩序重构对"健康、安全、快乐"的长期追求所形成的个人生活方案；其另一面指向的不是"极简"，而是指向年轻人多元、复杂但系统的生活安全感的建立方式。

通过囤建立自己的安全屋。

在家中构建"家庭博物馆"，保存每一段的生活记忆，对年轻人而言不仅是提供安全感的能量池，也是与家人朋友的记忆联结点。（图片来源：小红书用户 @ 夏的叶家）

1925-1938
双镜头反光相机

1948
宝丽来初代拍立得

1979
滑盖相机

1934
佳能AV1胶片机

2012
佳能6D

2020
第九代拍立得

2014
索尼a72

2022
大疆运动相机

二、"生活专家"们的囤货指南启示录：
为生活安全感、为兴趣专业主义、为灵魂疗愈修复

当下年轻人的"囤"，呈现一种生活中的"极繁主义"，这是一种博物式，甚至带有策展感的囤。这需要每一位年轻的"生活专家"充分理解自我，对自身能力和资源有充分的认知，才能逐步完整建立生活决策能力与消费底层意识，这也必然是独属于自己的、系统且专业的一门生活课程。

当越来越多的年轻人为了最根本的安全、健康、快乐而觉醒成为生活专家，当"囤囤囤"成为生活专家们在风险中重建个人生活秩序的重要途径，他们的创造与消费自然有了新意义。如果让生活专家们列出一份当下适用的囤货指南，那么我们从中能看出怎样的细微变化？

1. 囤货指南第一条：自建"安全屋"，为了自己的生活安全感而囤

"什么东西会跟着我搬来搬去？我的书、我的玩具、我的画，还有我的香水。"对年轻人而言，成为生活专家的第一条，也是最关键的行动指引，是通过囤建立自己的安全屋。

既囤也藏，一方面是为自己不确定的高风险未来储备生活资源，但更重要的，是通过建立安全屋，用系统性的收藏和囤逐步构建一个"物质性的外我"，哪怕有生活的变化与波动，这样的"外我"也能让"我"充满安全感，不容易因外在的干扰影响自己的生活秩序。

所以对年轻人而言，"安全屋"是个人生活空间中必不可少的博物角落——哪怕家再小，也要有这么一片自我天地；它还可以复制到与"我"有关的其他社会空间中，随时随地通过这样的"安全屋"分身，为"我"

的生活日常增加一份别人拿不走的安全感。

纸片儿是一位北京女孩儿，也是一个"玩具杂家"。从小时候开始，父亲每次到广州出差都会给她带玩具作为礼物，这种习惯一直延续到青少年时期。她特别钟爱连锁快餐店的玩具，并开始收集。到大学时，她真正主动"收"入第一件藏品——《绝命毒师》的"老白"角色玩具。至今，她的玩具博物已经走过了第十五个年头。

与一部分收藏玩家热衷于收集大众 IP、经典角色不同，纸片儿的玩具收藏可谓是"杂"。从快乐蜂、M&M 豆（糖豆品牌）到家乐氏，到 TOMICA（日本玩具品牌）和星球大战，再到一如 LeeeeeeToy（艺术玩具品牌）这样的独立玩具创作者的作品，都在她的收藏网络内。提及她的收藏原则时，她会认为"与我有关"是最重要的第一大原则——"虽然说看起来我买的玩具是比较杂的，但它背后都是跟我有一定连接的，是带有回忆的。比方说，我之前在北京一个线下展收了一个玩具——由好几只玩具猫凑成了一个心脏的形状。也是因为当时我的猫'咪咪'刚走没有太久，看见了之后就觉得特别有感触，就感觉玩具跟你之间是有故事的，每一只猫都走进了你的心里。"

每一件玩具都与她息息相关，而纸片儿的收藏也让她获得到了极大的安全感。"我以前可能会觉得玩具是一种陪伴感，但我现在觉得它们更多是安全感。就是推开放着玩具的房间的门，看到有这么多玩具在等我回家，就会觉得这一天的工作给我带来的'做牛做马'的辛苦都消失了。它们会给我很多安全感，就是那种'你看，我还在'的感觉。它们就像不说话的家人，会一直持续地给我快乐或者陪伴，像一块不需要充电的电池一样持续为我输出。"

也正因为秉持"不是一家人，不进一家门"的原则，纸片儿过去十五年来的玩具收藏逐渐形成了独属于自己的生活记忆，一直为她的"安全屋"添砖加瓦。这样的生活记忆，向内赋予自己足够的安全感，向外是她与家人、朋友的联结纽带。就如她目前与朋友共同生活的家，也是满屋充斥着纸片儿的玩具收藏，有从家里带过来的，也有在共同的家里新收藏的。"我觉得一个人收玩具和两个人收玩具还是不太一样的。对于我朋友这种'入坑'比较短的人来说，盲盒还有色彩风格更鲜艳的一些玩具会更容易吸引她。

所以通常在我们这儿放的玩具，是我俩都喜欢的。通过在这个家里放玩具或者一起买玩具，我会感觉可以让她更了解我，缩短了我们俩之间的距离；我也可以通过玩具更了解我朋友的一些审美偏好 —— 玩具是一个载体。"

2. 囤货指南第二条：玩得尽兴也要扩列连接，为兴趣变得更"专业主义"而囤

一方面，年轻人为兴趣而"囤"成为他们储备社交素材、"社交扩列"的最基本形式。职场难交心，年轻人更愿意以生活中的兴趣为原点、在持续的消费和"入坑"中加入对应的兴趣社群，在对自我的持续探索与兴趣创造中找到说得上话的朋友，逐步建立自己的一个甚至多个"兴趣圈子"，以此建立自己丰富多彩的社交世界，不分线上与线下。

另一方面，年轻人的兴趣消费越发走向专业化和垂直化，越发趋向在日常的兴趣消费中建立对某一兴趣的专业知识库，建立相应的"装备清单"。这既是为了让自己的"入坑"的过程少踩雷，也是为了更深入地了解兴趣背后的文化史和品牌故事，更是为了让自己的兴趣爱好能得到专业、系统的支持和保护。

以年轻人喜爱的轻户外品牌安高若（An Ko Rau）为例，对于安高若而言，消费者对城市与户外轻松运动、自由表现的极大需求，促使其在产品层面对专业性有着自己的独有定义与理解。"只为必要而设计、人衣交互、耐久稳定、环境友好"，成为贯穿其十数年品牌旅程的关键词。

这样的关键词，意味着安高若远比一般的运动服装品牌或时装品牌更愿意以时间换取信任。"我们在帮助消费者做很多的取舍，就是到底你需要什么。因为不是说所有的东西加在一起就是最好的，而是适度的设计非常重要。我们希望消费者拿到手上的产品，他会觉得这个东西既好看又好穿，还有功能性——可以出去玩穿，可以去户外运动穿，也可以上下班通勤穿。"在安高若品牌负责人辛园看来，产品高度强调"适度性"恰恰是一个负责任的品牌应有的专业表现。只有品牌自身在材料、场景、个体需求、文化表达等方面具备足够深度的知识与技术，才有可能为消费者提供不论看着还是穿着都是"刚刚好"的产品。

任何一件衣品无须精细洗护、开包即穿、轻量化且易于打理，这样的产品到达消费者手中需要经历足够长的测试期与版本迭代。而在安高若的视野中，这样的周期将以年计。"之前我们是有点像研发者，我们会去和代表某种户外运动生活方式的测试者进行合作——他们提出产品需求，我们把产品做出来。现在我们做产品更像是一群人在孕育一个东西，我们的研发人员、产品设计师内测完了以后，交给我们的测试者进行测试，再用一个很合理的测试价格小批量地投放到市场上，经过一系列测试后，产品最终才会量产。所以说现在的（产品）周期会更长，有可能需要一年半，这个产品才会成熟。"

对于安高若而言，把快的品类做慢是为了与运动文化和消费者产生深度连接。除了产品，安高若也正探索为用户以及更多小型运动文化品牌提供专业的社群平台，以此勾勒品牌期待表达的城市与户外运动文化图景。例如，举办了五届的"安高若运动展"，是为了让国内的垂直运动品牌能得到专业支持与销售展示平台，最终为热爱运动的消费者提供更多、更好的产品选择。

3. 囤货指南第三条：让身心"去负归零"，为情绪与灵魂的修复而囤

"发疯"这个词，被越来越多的年轻人挂在嘴边。然而我们更应该关注的是"发疯"所代表的新析义。对年轻人而言，"发疯"从形容词变成了动词。他们常常感受到生活中的边界被侵犯、原则被打破，以及情绪被裹挟，而"发疯"意味着年轻人主动打破一些规则和界限。"日常发疯有益身心"更深层的一面，是对每一个年轻个体而言，身体所吸收和担负的情绪与压力到达了一种不自知但危险的临界点 ——"不悲伤、不快乐、不亢奋、不低迷"成为越来越常见的情绪原点状态。

因此，让身心"去负归零"成为年轻人生活中的重大课题。面对脆弱且容易"破防"的身体与灵魂，生活消费方案中必然会增加一个"囤货点"—— 用消费为自己找到能和情绪"和平共处"的方法与工具，为自己设计帮助身心灵健康的解决方案。

这就是越来越多香氛品牌、专业心理咨询师认证课程和专业情绪疗愈品牌群起逐浪的根本原因。例如香氛，它指向的已不仅仅是"气味的表达

与场景氛围的切换"，而是已经成为年轻人最易入门的身心修复方式。尤其香氛品类中的香薰、香蜡、线香类产品，它们已经产生了新的品类内涵——当我们使用香薰、香蜡，其背后的消费与社会意义在于"折中的气场"，在一定的安全社交距离中营造属于"我"的氛围与对话场域；而当我们使用线香，其背后的消费与社会意义就已经完全走向"观内愈内"，用气味让自我在一定的时间内"去负归零"，是完全个人化、不容打扰的疗愈方式。

专业心理咨询师认证课程的兴起，则是年轻人希望主动掌握专业的知识与工具，系统化地了解情绪从何起、到哪去，帮助自我更好地与情绪和平共处的同时，解锁人生的另一长期职业可能——成为一名认证心理咨询师，助人自助，也为自我的不确定未来多一种选择。

『它们就像不会说话的家人。』

纪念"咪咪"的两个艺术玩具：由GONE制作的"猫·心脏"，以及由mermertoys制作的复刻"咪咪"的定制软胶玩具，这都是属于纸片儿与"咪咪"之间的联结与回忆。(图片来源：被采访人纸片儿提供)

纸片儿的第一件藏品，《绝命毒师》的"老白"角色玩具。(图片来源：被采访人纸片儿提供)

生活考古观

纸片儿与朋友共同生活的
家，摆放的玩具收藏色彩
更明亮丰富、造型更可爱，
这是纸片儿和朋友共同讨
论、共同收藏的结果，让
彼此之间更了解对方。(图
片来源：被采访人纸片儿
提供)

纸片儿的玩具收藏组成了她重要的安全感来源。(图片来源：被采访人纸片儿提供)

年轻人的兴趣消费越发走向专业化和垂直化。

"攒装备""搭装备间"不仅仅是"氪金"，还需要对自我兴趣有充分且系统地了解 —— 玩什么、怎么玩、哪个装备哪个品牌适合自己，背后的文化与理念是不是"三观"匹配，这些都是年轻人构建自我的专业知识库和"装备清单"的必备功课。(图片来源：小红书用户 @Dordor_Lee、@Y.G)

生活考古观

（左图）从运动展到常设店铺，安高若持续联结运动社群及背后小型品牌的目的未变——为一切热爱运动的人耕耘一片更专业化的生态。（下图）从 1.0 至 3.0，Hejmo 户外背包的产品开发周期历经近 1 年。而一切的初衷源于一个细微的诉求——登山爱好者缺一款好背包。（图片来源：安高若品牌官网）

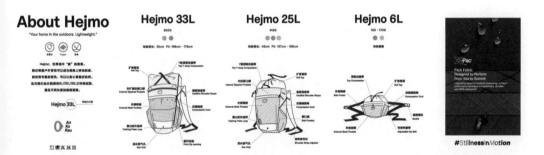

Hejmo的迭代旅程

V1.0

1. 重心设计不合理，背负体感不佳
2. 升数较小导致背板过短，无法满足男性使用者
3. 确认「材料拼接」作为关键设计语言

V2.0

1. 调整背长及体量，加入腰带稳固
2. 链接及绳扣位置过于复杂，不利于实际环境使用
3. 外口袋牢固性不足，需要加强

V3.0

1. 根据测试反馈，在克重及使用细节上持续精进

三、以专业应对专业，成为年轻人的"生活专家"好朋友

当消费者变得越来越复杂且"专家"化，是不是意味着品牌面对的经营挑战越来越大？或者，我们是不是可以换个角度考量，面对消费者越发系统、专业的生活秩序构建，于品牌而言反而创新路径更直接清晰。面对"生活专家"的囤货新变化，品牌应做的是"以专业应对专业"，成为年轻人心中的"生活专家型品牌"，以此找到自己的商业创新机会点。

对每一个品牌来说，不变的当然是为消费者持续提供好产品，但更需要强调产品背后的专业性——更细分的产品线、更精益的设计与材质选择、更"人以群分"的品类布局；更进一步的，是品牌终将需要为消费者提供基于生活文化的社群与内容体验，不再是单纯基于用户运营而考虑如何建立私域社群和打造营销活动，而是通过更系统、专业的方法为消费者营造"品牌兴趣之家"。背靠文化与专业知识的社群体验、促进更多联盟品牌相互交流的平台建立、为社交扩列而生的交流交换活动，将逐渐成为品牌经营消费者关系的重要新方式。

最终品牌需要长期思考的，是作为年轻人的"生活专家"好朋友的时候，你是否对当下的生活文化有充分且专业的认知，能提前判断未来变化？你的产品与服务是否足够专业、能快速有效地为年轻人解决问题、重建秩序？你的品牌内容与营销发声能否长期以社群导向，让更多"生活专家"们因此集聚、紧密合作？

年轻人在当前时代成为"生活专家"，是阶段性进程而非结果；品牌在当前消费者变化中成为"生活专家"型品牌，是在变化过程中不断为消费者提供阶段性的专业方案而非商业经营的终局。我们应该认知与合理想象，在当前至更远的未来，面对不断变化的消费者观念与需求，品牌与消费者的关系应是一种生活中的"竞合"关系 —— 棋逢敌手，共同进步。

《我家是个博物馆》，
收藏在家中的广博世界

—— 专访 B 站纪录片高级顾问朱贤亮

采访人 / 孟幻

我们曾提出"家庭博物馆"生活方式洞察 —— 再小众的兴趣爱好也能以专业方式整理和收藏，在家的方寸天地中，用藏品承载自我的精神世界与超越庸常的内心秩序。B 站纪录片《我家是个博物馆》让我们看到了丰富的私人收藏家的生活样貌，以及来自藏家自己的多元生活态度表达。我们发起这次专访，与《我家是个博物馆》总策划、B 站纪录片高级顾问朱贤亮，共同探讨私人收藏的爱好背后，所承载的个体生活心态与社会心理的变化。

《我家是个博物馆》	这是由 B 站、大伙儿文化联合打造的国内首档呈现城市青年私人收藏的纪录片。从传统工艺到科技元素，从稀有古着到民族服饰，12 种藏品，12 个关于极致热爱的动人故事。让我们跟随镜头，进入年轻收藏者的内心世界，感受丰富多元的青年文化。

一、关于这部纪录片

聊聊这部纪录片的选题缘起，以及选取这 12 个人物和故事的视角与标准。

依照自己爱好收藏特定物品的行为，在现代社会大有人在。收藏什么、怎么收藏、为什么收藏……这些问题的背后是藏家对于世界、对于生活的不同态度。

每一份收藏，都是一种热爱的密语；每一次瞬间的采集，都是心灵世界的映照；每一个私人博物馆，都是大时代中鲜活个性的体现。我们想通过探索隐藏于现代都市中的各类私人博物馆，展现各类新奇、有趣的收藏，以及收藏背后的丰富情感和动人故事，从而传递一种"极致热爱"。藏品数量极致、藏品价值极致、收藏情感极致，这是我们的选题标准。

图片来源：纪录片《我家是个博物馆》

"博物馆"和"家"是两个重要的关键词,为什么在收藏之外还会特别强调"家",包括每一集的标题也会用"屋""舍""房""所"这些词语呼应作为展示容器的家。

每个人所拥有的空间都是有限的,但因为这些收藏品的存在,它仿佛变成了广博世界的浓缩,将散落在世界各个角落的零星物件汇聚在一起,折射出大千世界的无奇不有和人生百态。以小见大,探究每一种热爱背后的意义和价值,了解当代年轻人的精神追求,这是我们想表现的。

纪录片简介中的描述是"呈现城市青年私人收藏的纪录片",但片中的藏家并没有局限在年龄范畴中的青年。所以,如何定义"青年"?

青年,到底是指一个客观的生理年龄,还是指一种包容、开放、达观、好奇的心理状态?在这部作品中,我们更倾向于将青年定义至后者。

所以在片中,我们可以看到耄耋之年的老人痴迷于收藏民族老物件,也可以看到孩儿他爹在收藏搪瓷杯时找寻过去的故事。对于未知的好奇,对于世界的开放,对于不同的包容,这些特质某种程度上与年龄无关,却与心态有关。

有没有哪些私人收藏的故事是团队非常喜欢,但是遗憾没有收录进来的。

非常多。我们进行了大量的调研工作,当然其中不乏一些"藏家",其收藏行为更多的是靠商业或人设所推动,这些都不在选择范围内。

我们还找到一位痴迷于收藏昆虫标本的男孩,从他自己的文字中可以看出他很了解昆虫,也热爱自己做的事,但遗憾的是他最终没有同意拍摄。

二、关于私人收藏的生活方式理解

为什么私人收藏在年轻人中越来越普遍化，它所承载的生活意义是什么？

深层次的原因，可能是藏家对于世界、生活的态度表达。

现代社会在高速发展下，爆炸的信息量带给每个人充分接触世界的机会，而我们的社会也提供了对于"不同态度"的极大包容度，这种种因素的叠加，可以催生出不同的生活方式。在好奇心的驱使下、丰富的信息海洋、自信的表达背后，私人收藏应运而生。它带给年轻人纾解压力、拓宽社交圈的能力。我们可以观察到，"同好"[①]也成了一个新的社会关系。

纪录片拍摄前后，对于私人收藏的生活方式理解，有没有发生什么变化，或者受到新的触动？

挺多的。在纪录片制作过程中，我们曾认为私人收藏应以实体物品为生。但节目播出后众多用户的反馈让我们意外地发现，还有很多人收藏非实体的物品，这里说的"非实体"并不是特指数字藏品，而是类似于"别人的故事""全球各地晚霞的照片"等。这些收藏品背后的故事更加引人入胜。

在每集的故事讲述中，会看到对于"外部理解与自我肯定""物质追求与精神意义""时代的快与慢"这些命题的探讨。它们是前置设定，还是拍摄中大家不约而同的表达？

我们没有前置设定。对我们来说，这部纪录片的制作其实也是一种"收藏"的过程。我们怀揣着对藏家们的好奇，进入他们的世界，了解他们的态度，收藏他们的经历，然后展现给每一位观众。在与他们相处的过程中，会发现他们在某些命题中非常有表达欲，我们就将这些命题埋藏在每集故事里。

---

① 有着相同爱好的人。

三、关于年轻人喜欢的纪录片

在出品了一系列备受欢迎的纪录片之后，"年轻人喜欢的纪录片"在 B 站有哪些更具体的标准和特征？

今年 B 站的纪录片发布会上，B 站副董事长兼首席运营官李旎提到："如果说 B 站是内容的海洋，那么 UP 主和用户就像水手和船客，而深度的、有价值的优质内容就是海洋里的灯塔，散发着光，为我们指引目标和方向。"用户提到 B 站的好内容时，总会提到纪录片。如今纪录片已经成为 B 站第二大专业内容品类。过去一年，有 1.6 亿人在 B 站观看纪录片。

B 站的纪录片用户大概可以分为以下三类：

第一类是重度用户，他们通常是 25 岁以上的职业人群，偏好历史、纪实和探险内容，并把观看纪录片作为自己的社交货币。

第二类是兴趣用户，他们通常对特定的内容领域抱有兴趣，并对该内容领域有着更深度的内容消费需求，而这类需求是短视频难以满足的。

第三类是泛用户群体，他们通常没有特定的纪录片观看需求，但是关心社会议题，追逐热门内容。

看好内容会上瘾，好的内容更可以穿越时间。B 站一年前上线的纪录片，上线一年后的播放量仍然能有首年的 84%。所以年轻人是能持续喜欢专业内容的，纪录片正是代表。

在针对年轻人的纪录片生产中，还发现了哪些有趣的信号？

B 站纪录片的制片团队都是年轻人，他们已经在 B 站纪录片领域工作了一段时间。同时作为新媒体人，他们也会非常关注年轻人的生活方式。在纪录片制作过程中，他们把丰富的纪录片制作经验和对社会的敏锐观察相结合，形成了纪录片生产中的一种判断标准。

肆

超在地性

年轻人特区正在诞生

SUPRALOCALITY

超在地性：城市与青年文化、特殊与日常

文 / 王若师

在"超在地性"这个专题中，我们采访了一位专注于城市行走的实践者——潘赫，他的名字在各种城市行走活动、青年艺术项目中频繁出现，很多人在介绍他时会说这个人"很能走、很会走"。在此之前，潘赫是笔者多年的朋友，本次采访在不自觉中演变为一次为期半日的城市行走，其中也夹杂了许多关于二者共同故乡沈阳的讨论。

一、城市中历史节点的再发现：
刻意恍惚

　　笔者和潘赫的见面地点在铁西万象汇，一个同时占据"大众点评"沈阳商场热门榜和好评榜第二名的商业综合体，人流量呈现出与一个普通工作日中午的不匹配———半以上的餐厅都需要等位。采访猝不及防在闲聊中开始。潘赫掏出手机，在收藏相册中翻找一九三几年的老地图照片。他脑海中的城市地图都是有时间尺度的，这种当下和历史在空间节点上的重叠，会产生一种微妙的反应。

　　提起如何成为一个城市行走的导览者，潘赫说要追溯到十几年前他在法国读书时，在里斯本参加了一个维也纳大学生导览的免费旅游（free tour），让他发现原来可以用这种有意思的方式认识一座城市。回国后他开始尝试，从最熟悉的家乡沈阳开始，在青年旅舍的前台留一张卡片，如果有人对沈阳的历史街区和历史建筑感兴趣就可以联系他。

　　广州、上海、沈阳、宁波、长沙、香港、北京、昆明、武汉……潘赫说，现在每次他带队的行走大约有 50 人参加，不用报名，只有一个时间和一个集合地点，是一个特别松散的，随时可以加入和离开的活动。路线制定并不是他的个人偏好，而是参与者提出一个主题，他负责提前做功课，再制订目的性明确的行走计划。参与者会在活动后发出感慨："为什么上街可以这么好玩，这么有参与感。"

　　潘赫讲起最近一次在武汉的带队，行走主题是探索清末民初的早期社团，找寻一些大大小小历史事件发生的地理位置。如此大的时间尺度，明显的历史痕迹当然已经很难再发现。他的方法论是依据史料中的提示，寻找老地图中的位置，比对当下现实中的具体地址来制定路线，"按照时间来探索空间"，看看哪条路基还在，哪个地名没有变化。当身体亲临现场，在真实的物理空间下穿越时间，时间的错位感会将人们平日里熟悉的城市陌生化，潘赫将其称为"寻求一种'刻意的恍惚'"。

聊到城市的历史痕迹，不免提到对于城市历史建筑的态度，潘赫说他不是老建筑的"原教旨主义"——一砖一瓦也不能动。他的态度是，即使当年不小心误拆了，没关系，好好复建一下，毕竟它存在的时间长，被拆的时间短，只要能原样复建好，还是能和城市的脉络连接。但是复建时不能"动手脚"。黄鹤楼历史上被毁了多少次，但是只要再建起来，还是黄鹤楼。失误是可以弥补的，应该秉着这种精神对待历史建筑的修复复建，要不然老建筑反而会变成城市里很突兀的存在。

生活考古观

二、思考城市漫步：
特殊性的共同感知

对于今年上半年城市漫步的突然爆火，潘赫表示他也感到很意外：这不可能是人们突然出现的一个需求，因为每个人对于自己生活周边的环境肯定一直是有连接需求的。有一种可能性是，这种需求在过去很长一段时间里，在快速的增长中被忽视了，疫情之后大家的脚步会慢一点，有的人开始愿意回顾和反思，所以慢慢开始呈现一种"回潮"。但这种"回潮"也并非一定是旧的东西、旧的生活方式，而是特定的东西。

讲到这里，潘赫强调了好几遍"特定"这个词：一方面是指只存在于某个时间、某个位置；另一方面也指特定的群体，因为城市漫步里"漫步"的什么人都有，比如有的人可能就对城中村特别感兴趣。

一个词火了之后，不免就会有人跟风，有人把逛街也称作城市漫步。在潘赫看来，如果把单纯的城市游走、城市观光也归为城市漫步，那肯定不对。城市漫步必要条件是特殊性而非目的性。他举了一个有趣的例子：如果你去逛一个新建的购物中心，你不能说自己在城市漫步，但如果你去探寻这个购物中心的各个出口在哪里，或者楼层分布是怎么设置的，就可以算作城市漫步。简单来说，就是要与你的日常行为有所区别。同时作为一种参与门槛低的活动，行走也是在弥补当下人们对于环境共同感知的缺乏。

潘赫特别提起，在城市漫步火之前，身边一些年轻人的小圈子里流行过"探楼"，这是一种结合了都市运动和都市探险的活动。年轻人一般会选择作为城市地标或有都市传说色彩的高层建筑，爬台阶到楼顶，完成天台打卡就被视为胜利，这是对体力和运气的双重考验。

对于城市漫步成为一种生活方式潮流的影响，在潘赫的眼中，这是一件好事。因为在他看来，中国的绝大多数城市都不适合行走，他希望城市漫步有更长远的积极意义：这种城市行走的风潮，会倒逼每个城市的规划者和决策者开始重视步行这件事，而不是像之前的二十年、三十年规划里，把所有的城市道路都让给了汽车。提起当下年轻人和城市的关系，"逃离"是一个被反复提起的词，城市漫步的本质就是从"新城"逃到"老城"。新城设计的初衷，往往是交通、产业的高效率，而大家逐渐厌倦了现代化道路、高层建筑的千篇一律，会想要逃离这种千篇一律的机械感压力，哪怕是暂时的。

"适合行走的城市"有哪些标准？潘赫说首先不能有太多死胡同。比如北京最大的问题，就是死胡同太多，而且所有的路都是两个方向，因此你无论去哪儿都只能走直角——哪怕是胡同，这对步行者来说就相当于在不停"绕远"。北京只有南城会相对好一些，因为从前门开始的路网是两个扇形。最重要的是，"近时期的规划越少越好"，自发形成的道路天然最适合步行。城市早期的规划相对会照顾步行需求，经济越发达越会只考虑汽车行驶。比如沈阳，整个城市适合步行的只有和平大街以西，因为这块区域的路块非常细窄。而宽阔的马路意味着人就无法深入其中，行走中无聊的部分就会多一些。对于"中国最适合行走的城市"这个问题，他思考了一下，最后回答了天津，原因是"丰富"。

城市漫步活动记录（从左
到右图，城市依次为武汉、
香港、昆明）。(图片来源:
受访者提供)

城市漫步的本质就是从『新城』逃到『旧城』。

三、在地性与青年文化：
被规训与宣示主权

潘赫说，城市的有意思之处在于"不一样"。比如，深圳就没有什么"不一样"，沈阳会"好一点"。他说，北方是大城市有意思；南方是小城市有意思；而山西省是个例外，山西是大城市、小城市都有意思。这两年看古迹这件事火了之后，山西已经被发掘出来了，很多人专门到山西去看一些冷门的古迹，开车开很久去看一个破庙。

"你会对城市有失望的感受吗？"

"你呢？"

"之前不觉得，有了孩子之后，这种感受特别明显。"

在这一点上，我们 80 后、90 后算是比较幸运的，在一种对成长相对友好的环境中长大，周围的环境还没有被太过分地规划，马路边、小胡同、小土坡、废铁轨，都是可以玩的地方。现在大城市里孩子的生活环境则太"精致"了，平时小区里玩玩，周末去商场、公园，好一点去郊区露营，但始终缺少了一种主动发现的快乐。秩序感太强的环境，会让人没有探索的欲望。

聊到这里，我们开始一起羡慕江浙地区的县城，这些地方因为经济发达的时间太久，现在反而是受现代规划影响最弱的地区，保留了许多过去的街道面貌和在地文化气质。相反地，那些过去相对不太发达的市县，地区面貌更容易受到经济快速发展的冲击，被大刀阔斧地改造。

生活在不同的城市对个体来说影响究竟有多大？城市一直都在规训身处其中的人们，以前这种规训的力量很大，但网络土著时代之后，城市的力量被大大削弱。现在只有当你生活在一个特别与众不同的地方，受周围环境的影响才会比较大，像山城、海岛、少数民族自治区。潘赫说，他认识的一些来自山城的朋友，给他的一个共同感受是"野"，有一种区别于平原的变化和生命力。

回到"在地性"这个概念，潘赫说，最大的问题是每次提到这个词时，大家非常容易把它理解为一种当地既有的生活方式，向古旧的生活方式靠近，就容易变成"老人的在地性"。而其中的关键是，对于中国大多数城市的在地生活而言，更有话语权的其实是老年群体。老人在任何一个街角公园跳广场舞、任何一个桥洞下打牌都被允许，但年轻人想上街蹦迪是需要报备的，你不能说只是节奏快一点的广场舞。这可能推翻了我们的一些固有认知，因为大家往往认为年轻人更能代表一个城市的文化活力，然而一旦深入城市生活的肌理，会发现多数城市的文化是由老年群体主导的，而老龄化社会进程与中国的敬老传统强化了这一点。当然，老人在每个社会中都应该是被关怀的群体，但我们需要正视现实，不要总想当然认为老人就是城市生活的弱势群体，实际上可能恰恰相反。因此，除了像成都、长沙这种吸引各地年轻人纷纷"移民"、以消费为主的城市，年轻人的在地文化属性其实在绝大多数城市处于一种尴尬的处境，比如北京的老人和年轻人的"街头权利"完全不一样。

提出"超在地性"，意味着需要对在地性重新"发明"，最重要的一点可能与世代更替有关，与青年的在地文化有关。潘赫笑着说，青年文化这件事，加了"青年"两个字就好像不是文化，只是消费符号了，有点像一种贬低，不能登大雅之堂，只是为了地方促进消费，是一种一过性的东西。实际上不应该是这样，青年文化应该也有一脉相承的一面，老年也曾经是青年，60、70 年代时也有城市特有的青年文化。所以，说回前面聊的城市漫步，某种程度上是一种年轻人对城市的"宣示主权"——用新的方式来解读在地生活，可能是古旧的生活方式，但我要重新解读，尽管这可能实际上是一种虚幻的主权。

（左上）老年人自发组织在路边的广场舞活动。（图片来源：凤凰新闻网）；（右中）上海武康路路牌。（图片来源：UNSPLASH）；（左下）上海街上探索城市的年轻行人（图片来源：UNSPLASH）

老人和
年轻人
的『街头
权利』

City
Walk

生活考古观

四、流动性问题：
需要日常

　　数字游民的身份叙事自带"前卫和开放"的光环，这两年大家讨论得太多，但也逐渐有了一些不一样的声音。一方面是个体角度缺乏归属感的流动性焦虑，"数字游民，游不过三年"；另一方面是大家开始注意到给当地带来的负面影响——过度开发、抬高物价，已经有许多全球热门旅居地开始自发抵制数字游民，比如巴厘岛。国内的情况会好一些，毕竟经济水平差异没有那么大，"地理套利"可能更多体现在鹤岗买房。

　　潘赫说，如果一千个数字游民跑到海南某个小镇，那确实会对当地产生很大影响，人们到哪里都会不由自主地开始建构自身熟悉的生活环境。但有些地方本身就是由年轻人发起的，比如三亚的后海村就是另外一回事儿。后海村是一种年轻人在夹缝中的坚守，地理位置上一边是没有街区只有酒店的海棠湾，一边往北是陵水的清水湾豪宅区。地域有时候被附加了过多的价值，比如当你说"我在后海村／大理／安吉"，不仅是地理位置上的，也是在说，我在过一种生活。

　　有人诟病过多的新商业会破坏城镇原有的特色，潘赫不这么认为：商业会"活化"这个地方，并让本地人有办法维持自己原来的生活方式，没有商业怎么可能维持生活方式？不可能。在他看来，对于在地文化的影响，商业本身的正面效应更多一点：好的商业是有建设性和适应性的，曾经全国各地的品牌都跑到大理古城去开自己的分店，但发现在当地好卖的还是大理本地的东西，于是大家都转而去发展大理特色，这就是商业的适应性——我去了本来想规训你，但是我反而被你规训了。大家都愿意去的地方，自然会成为新商业发达的地方。

今年夏天，阿那亚在社交平台上爆火。像阿那亚这种"迷你小城"，其实很难复刻。很多地产项目都尝试复制，一看就知道模仿的痕迹很重，但又哪儿哪儿都不一样，有种画虎不成反类犬的嫌疑。阿那亚鹤立鸡群的成功，"位置肯定是非常重要的""靠近北京的海边"，给都市人带来一种"精神飞地"的心理暗示，当然也有项目设计本身和社交平台的功劳。但说到底，本质上仍然是一个商业地产项目，或者可以定义为一种"逃离现实"的文艺潮流度假目的地。与其说是年轻人的阿那亚，不如说是都市人的阿那亚。

对于数字时代的年轻人来说，什么样的在地需求是最关键的？潘赫认为，是日常。而无论是迷你小城还是"精神飞地"，都有一种强流动性的色彩。国内目前这种地方很少，但是不能说完全没有——阿那亚肯定不是，后海村有点儿小，小也不是关键，最大的问题在于没有形成一种年轻人的日常，还只是一个度假目的地。如果一定要找一个，潘赫说，成都的玉林应该可以算。一方面是城市的吸引力，成都在过去十年增加了700多万的年轻常住人口；另一方面是玉林本身，玉林年轻人的比例极高，但是与玉林的原住民同时生长的，而不是硬插进来的。常常一边是小酒馆里摇滚乐队的演出，一边是大爷在树下乘凉打麻将，玉林的街区就是非常日常的生活场景。年轻人真实留下来生活的地方，有自发性带来的活力。

五、一家书店的功用

不在各个城市带队行走的时候，潘赫每天的生活行程非常规律：白天在呐喊书店，晚上在一家名叫仙境俱乐部的酒吧。采访快结束的时候，我们去了这家沈阳最早的独立书店。书店搬迁过一次，现在在一个老小区里，由一个锅炉房改造。位置有点偏僻，但此时并不冷清，店里正在进行一个关于布考斯基诗歌的联合策展。书店整个二楼摆放的都是潘赫的个人藏书，可以随便阅读，但不售卖。

潘赫说，书店的"符号作用"是一种明面上的文化氛围，以前是表里都有作用，现在只是表没有里了，但是表的作用其实很重要。回想我们小时候，如果家旁边有一家很大、书很全的书店，这个作用有多大。曾经沈阳的孩子们都会记得北方图书城。潘赫说，他小时候爱看书，完全是因为北方图书城在他家旁边。当然现在人们获取信息的方式不一样，书店越来越成为一种精神符号，但也不只是象征上的，因为对很多人来说是一种真实的安全感——不一定真的买多少书看多少书，但知道有一个书店开在步行可抵达的地方，是一种在心理上世界触手可及的慰藉。

呐喊书店当天的值班店员是一位来自郑州的 1999 年出生的男生，在潘赫的介绍下，他在最后加入了我们的聊天。墨西弟兼职书店店员和仙境俱乐部 DJ，刚刚考上了中国电影资料馆的研究生，正在为学费发愁。聊起对年轻人社交和城市生活的看法，他说，比起在网上"搞抽象"，他更喜欢人和人紧密连接的线下关系，讨厌那种"天天在网上热络，其实线下都不

"熟"的状态。沈阳给了他超过家乡的归属感，因为"城市的气质更符合本人，更多重要的人生节点在这里发生"。他也参加过很多次潘赫带队的城市漫步，对于他来说，城市漫步"更像是一种媒介，身在其中就很好"。

墨西弟在呐喊书店工作快三年了，对书店带来的变化感触很深：书店刚搬进居民区装修的时候，居民们并不欢迎。曾经客流量有限，在疫情期间的冬天一度每天只有三五个人光顾。书店需要建立起公共性，面向更多元化的人群。特别是社区里的书店，更需要一些门槛低的活动和平易近人的文化氛围。这两年，书店逐渐被周围的居民认可，社区的人也会经常过来溜达，他发现各种各样的人都开始来书店了，比如穿着拖鞋的大爷，还有对面顺丰快递站的小伙子，天天上午书店一开门就来看书，他特地看了下，看的书是《领导力十大法则》，后来不来了，可能是升职了。

聊天的最后，他特别提到自己喜欢住老房子老小区，"一定不要有电梯，一定不要超过七层，一定不能有物业，要大伙自己来管理。"他喜欢过去有人情味的邻里关系和自由感，以一种拒绝的姿态应对城市现代化过程中的冰冷秩序感。

呐喊书店内部照片。
（图片来源：受访者提供）

受访者在呐喊书店。（图片来源：受访者提供）

墨西弟兼职呐喊书店店员
和仙境俱乐部 DJ。（图片
来源：受访者提供）

呐喊书店外部照片。
（图片来源：受访者提供）

揭秘共居社区：穿梭于城市、山海与赛博

文 /RW 实验室 [①]
（公众号 ID:gh_30f1b2b560ac）

[①] 整理自公众号 "RW 实验室" 《揭秘共居社区》系列文章。本部分图片来源：本文作者提供。

1

社区简介

　　Dali+ 开始于一个由一群志同道合的年轻人发起的虚拟社群，旨在通过线上交流、分享、互动等方式，帮助人们实现理想生活。社区正式落地于 2023 年 2 月，位于洱海边，由住宿、办公休闲空间和公共空间组成。住宿区为三层建筑，配有瑜伽健身、棋牌 KTV 等娱乐设施；办公区包括会议室、图书室等功能空间。社区内有一片大草坪，可供游客休息玩耍。目前已拥有 1 栋三层公共空间楼和 1 栋住宿楼，后续将扩展成 3 栋住宿楼，可容纳 50 ～ 100 人。

社区理念

　　用社区的方式，支撑三件事：打破困局，找回自我；建构可持续的自由基石；找到同路人，奔赴向往。努力建立人与人、人与自然的连接。希望通过建立这样的数字化社区，打破传统城市的束缚，让人们能够自由地追求自己的理想生活方式。提倡在社区中共居共学共创，完成人的自我解放、探索和创造。

运营特色

　　运营重心放在二产和三产的中高级服务业，提供公共活动区域、社交场所、教育等资源，通过开放网络技术，鼓励成员共同参与项目的开发和运营。通过会员共享积分、回收积分并回购，实现社区的可持续发展。同时构想一个虚拟旅游社区，通过区块链技术实现去中心化、数据共享和智能合约，为用户提供各种活动和奖励机制。如果在未来实现商业化并实现盈利，所有利润都将用于回馈社区成员。

成都天星村：
乡村是创意和
未来扎根的地方

2

天星村可持续生态村实验区位于成都市西北郊野的温江区，岷江干流金马河畔，由 Seedln 团队历时四年建成。利用村民旧房改造而成，目前已拥有"创舍""匠坊""在野"3 处主空间载体（同一区域），全场域都是可供数字游民办公的场地，共享办公空间可同时容纳 50 人，旅舍共 15 个房间、30 个床位，设有音乐演奏场所、24 小时开放留灯书屋。成立了专门负责餐饮研究的"@ 食事社"，提供共享厨房和午餐盲盒。不定期举办各类活动：创业沙龙、电影分享会、读书会，以及根植于天星村的编艺文化活动等。

立足于"以人为导向"的价值观，打造工作与生活融合发展的可持续生态社区。推动未来生态村的每一个成员为整体的共同利益做出积极贡献。赋能内部和外部伙伴，并依靠他们作为推动积极转变和创新的核心力量。

向村民、访客和新进驻者，提供一个低成本、高效率的空间和资源平台，帮助他们实现工作和生活的有机平衡。将当地编艺文化与数字游民相结合，打造编艺节，为游客提供更多有趣的体验，开发了基于当地产业的自然研学 IP——孩子的秘密花园。计划在未来几年将编艺文化的活动规模持续扩大，吸引数字游民和游客，带动当地产业和经济的发展。

3

邹平邹游计：
给县城社区共创
一个机会

社区简介　　　　一个在北方县城的数字游民创造空间，位于山东省邹平市，院子距离邹平夜市步行 5～10 分钟。小院子有两层楼，山东农村四合院的典型风格，有可以晒粮食的屋顶。目前是项目初期，最多可以居住 8 人。

社区理念　　　　依循梁漱溟先生乡村建设的轨迹，尝试在今天的中国探索县域发展的可能性，探索数字游民与小县城结合的可能性，不只是融入当地生活，更是把一线城市前沿的视角和实践在县城落地——"县城"对于年轻人来说到底意味着什么，适不适合年轻人回来做事、创业，会不会出现更多的可能性？

运营特色　　　　不同于其他社区，邹游计是一个向内转型的弱社交社区，为内向型朋友提供想法落地的载体，提供一个与外面稍微隔绝的环境，让大家专注自我。同时也会为外来数字游民介绍本地的工作机会，既能提供一个过渡的金钱来源，又能让大家用真实的工作融入邹平的烟火。慢慢从很日常的轨迹生活当中，找回生活的平衡点。同时计划与乡村振兴相结合，挖掘邹平的历史和文化，陆续整合资源，把零碎的历史碎片通过研学、文旅的方向呈现，为游客提供更多的文化深度游体验。

深圳仙人掌驿站：繁忙都市里的慢空间

4

仙人掌驿站发起于深圳大鹏，临近深圳和香港，距离市区和口岸一个小时车程，有山有海，是旅行的优质目的地。仙人掌驿站是一个具有浓厚乡村特色的庭院，采用老旧家具和复古风格设计。作为新型的社区共居共建的数字游民空间①，连接 706 青年空间的全球网络，为数字游民们提供一个社交实践的场域。

以场域激发更多的生命创造力，提供相对长时间的驻留空间，入住者可花一段时间探索自身内在、找到方向，获得更好的自我觉知。驿站鼓励共建，可将共创的历程和经验分享到社区并获得反馈，贡献度公平公开，鼓励营造活泼上进的社区氛围。

驿站身处海滨度假胜地，拥有独特的自然风光、舒适的住宿环境和多样的文化体育活动，包括创作艺术课程、沙滩飞盘、沙滩足球、水上游艇、爬山……对于数字游民来说，可以在美景与这些活动中寻找新的灵感和启发。邀请相关行业人士参加 AI、Web3.0 等主题的讨论活动，连接到更多的全球节点和数字游民，促进不同领域之间的交流与协作。驿站同时为深圳居民提供短暂休息、释放压力的机会。

---

① 一个集线上社群和线下空间为一体的覆全球的数字游民社区。

5

海南次滩村：
世界再大，
欢迎回家

社区简介

次滩村位于海南省定安县新竹镇龙州河沿岸，距离海口、文昌、琼海等地1小时车程。该村始建于明朝嘉靖年间，已有500多年历史。目前运营空间有爱故乡驿站、老房子民宿和橘红木屋民宿。这里没有高山，没有大海，也没有如织的游客，有的是和众多普通乡村一样的原生态的乡村图景，是著名的零污染乡村。

社区理念

以"互联网＋乡村"的新模式，旨在加强返乡青年与故乡的联系，推动新村庄事务管理的公正和透明。同时，致力于展示美丽乡村的文化生活，促进特色产品商品流通，目标是打造"龙州河畔，醉美次滩"，连片带动新竹小镇的发展，以可持续的方式发展，吸引国内外的数字游民前来体验、学习、交流。

运营特色

次滩村是一个具有生命力的文化场所，传统文化得到了保护和传承。以其独特的自然环境和文化特色吸引了数字游民和游客的到来。在海南省林业科学研究院的支持下，发展海南橘红等特色农产品。在本地特色基础上，拓展义工体验、深度旅游、研究性学习等特色项目，并计划在海南岛的淡季打造民宿，为全国各地的数字游民提供住宿服务，希望能够通过年轻人的回归和创造，将次滩村打造成新的故乡，通过构建生态循环系统实现可持续发展。

大理 NCC 社区：
不断迁徙中的
紧密联系

NCC 社区 (Nomad Co-Living & Co-Creating)，是一个由数字游民、创业者、工作转型者、生活方式探索者等一起组成的共居共创社区，位于大理古城西边的三月街赛马场附近，是个 3 层的白族大院，一共有 17 个居住房间，以及空调办公室和地下室活动的空间。除此之外，NCC 拥有很多被参观者点赞的"主题式公共空间"，包括图书室、游戏影音室、茶室、按摩室、小私厨等，给大家的共居生活带来了很多乐趣。

想要快速打开新的一个地方，需要能够找到一些志同道合的小伙伴。参与者在这个阶段能够互为样本，可以有很多交换的技能，彼此陪伴，去度过一个人生阶段。NCC 社区创造出适合共居的环境，连接到很多价值观相近的参与者，逐渐形成了共创氛围浓厚的社区，从而帮助更多人探索出适合自己的、有意思的、有价值的工作和生活方式。

社区让共居者当主人去创造自己的生活环境，每一个房间都是由共居者自己打造的，公共空间也是大家一起去决策，一起去布置，包括网红打卡地 NCC 天台，就是大家一起共创的地方，甚至有人说"没来过 NCC 天台不算来过大理"。NCC 社区顺应了一个时代的共识，是一种年轻人共识下探索出来的实验。NCC 社区对入住成员有一定的要求，希望你认可"社区"生活方式理念、自带技能，哪怕不是非常实用性的技能，但是愿意分享。社区欢迎为期两周到三个月的数字游民入住，希望大家生活的时间足够长，让彼此认识得更深入一些，更好地建立信任，才有更多一起做事情的可能性。但同时也希望可以保持流动性，这也符合 NCC 社区的口号"我们不断迁徙，却又联系紧密"。

广州上岛 Space：一个「合时宜」的空间

社区简介

　　广州上岛 Space 源于广州 706 的线下空间，最初是希望可以创建一个更自由的空间，开放给有更好想法、想办展览的人，上岛 Space 帮助实施。从广州码头坐船五分钟可以抵达常州岛，在轮渡上就可以看到写着"Space"字样的房子，轮渡日常 15 分钟一班，交通十分方便，生活设施完善，可以收快递。上岛 Space 是一个真两层、小三层的建筑，临珠江和渡口码头有一个足够开阔的大阳台，可以站在天台临江处，看着渡船驶进驶出、江水潮来潮去。一楼可用于举办活动，包括音乐会、观影会、心灵疗愈会、展览，角落里还有微型图书馆。

社区理念

　　上岛 Space 的内核是一个"合时宜"的空间，给日渐贫乏的生活添加人为的未知数，给孤寂漂泊的心灵一个休憩之所。这是一个不带社会身份就可以针对部分共识话题进行非对抗关系的沟通、一个 i 人也能接受的、舒服的、能保护个人领域不被侵犯的社区。在这样的社区中，人们偶尔可以参加活动，大部分时间自己工作、玩游戏，也可以随时组织或者加入进行中的活动，将空间建设成大家理想中的样子。

运营特色

　　上岛 Space 希望打造一个长期的社区，有想要做社区共建的人能够住到三个月甚至更久，上岛 Space 可以一起实施一个项目。上岛 Space 的主创都是女生，所以希望能招到 6 个女性共建者，一起打造一个女性友好社区。上岛 Space 有一个开放式厨房，可以定期邀请本地人一起吃饭，让上岛 Space 和本地人建立联系，让社区更本地化，还可以打包送给工作人员、快递员，希望空间是实践发挥自己能力、学习的地方，并且同时对周边环境带来一些积极的影响。

8

自在谷位于黄山市黟县西递镇西坑村，地属世界文化遗产所在地，"水墨画景观"与徽州村落交相辉映，兼具得天独厚的自然景观与历史悠久的人文景观。自在谷前身是西坑村，有着狭小的入谷口，沿着仅容许几人步行的小道，几分钟后豁然开朗，天然形成与世相隔的桃源。谷内有一座自然村庄，现存 53 栋老屋，有温泉、深潭、良田、驿道。在保护原有村落的历史与风土人情的同时，将现代科技生活引入其中，从而构建了一种平静、祥和，强调地方感知的旅居场所。社区目前可以接待 40 人，完全建成后可接待 100 人。

自在谷旨在为亚洲和来自世界各地的游牧者营造一种崭新的居住与生产场域，是一个当代的"桃花源"。自在谷共建成员们以保护和转译徽州的在地历史与风土人文价值为目标，将一个普通人自然生长的村庄引入其中，从而构建一种新的人文地理，最终为亚洲的另类现代化范式提供了一种生机勃勃的实践样本。

自在谷以地方历史与艺术化的创造为主旨，通过空间创新，挖掘、留存徽州文化中的意境感，并通过适宜本地文化的空间运营，实现对当地历史与风物的保护和发扬。在自在谷总共 8000 亩^①的山谷中，有一个小山谷用来种植生姜，并作为自在谷生姜啤酒的原料产地，大家可以沉浸式体验从种生姜开始到酿酒，再到美酒端上餐桌的整个过程。

① 1 亩 ≈ 667 平方米。

吉林山海坞：稷下学宫的现代演绎

社区简介

　　山海坞是 2023 年 8 月开始为期一个月的快闪共居社区，位于吉林市北大湖，以 Web3.0、人工智能、区块链、创作者经济、可持续等为主要议题，邀请各领域前沿思考者与建设者进驻。项目由 Hashkey Group 董事长肖风发起，联合发起方包括北大湖滑雪度假区、万向区块链实验室、DRK Lab 以及 Social Layer。

社区理念

　　科技反卷，不是躺平，是张开地图，开启新的大航海时代。区块链、AI、 Web3.0 等新的领域已经展开，山海坞旨在与可爱的同伴一起做有价值的事情，用轻松本真的方式探索生命的意义，反稀缺、反竞争，并希望将现代科技和传统文化有机融合。

运营特色

　　Web3.0 生态建设者、AI 探索者、生物科学家、人文社科学者、艺术家、各路思考者与建设者在一个月间自由交流与沟通。每个进入山海坞的朋友都需要至少发起一次活动，在此共居共创共学。社区有十分有趣的身份象征，包括山民、海民和神兽。山民是指经过报名筛选，在山海坞里待上两周以上的长居伙伴，目前是 250 位左右。海民是指每周或每两周进行一次的短期拜访者，可以通过申请或山民邀请获得相应身份。神兽是指来到山海坞的嘉宾、大咖和贡献者，亦可由山民升级获得相应身份。

社区诞生于 2023 年春节前夕，是 706 青年空间在海南万宁的据点。日月湾从前就是一个典型的小渔村，后来作为冲浪胜地而闻名。706 日月湾分为一期和二期。一期有一个宽敞的大厅，配套齐全的厨房以及可以容纳 7～8 人的简约整洁的住宿空间，另外还有一个开阔的院子。二期空间略小，在日月湾的村子里，距离海边大约 5 分钟车程，距离一期大约 10 分钟的车程。有 7 张上下铺居住空间和公共办公区域。

706 日月湾致力于在物质和蹦迪文化冲击小村的当下，给日月湾保留一个心灵休息、自由放松的家园，一个一群人住在一起的乌托邦。在日月湾生活久了之后，更能体会到，生活本该如此轻松自在，享受生活，乐在其中。

706 日月湾最大的特色是对户外运动的热烈氛围，如果你是一个喜欢冲浪的朋友，一定会爱上这里并且能够待上很长一段时间。另外社群里也会时常组织飞盘、爬山、潜水、羽毛球，在户外运动中探索自己与大自然的联系，同时探索更多元的生活方式。

伍

文本复兴

新意义需要新文本

TEXT RENAISSANCE

文本复兴：消费社会语境下的内容新景观

文 / 杜颖

一、文字景观：商业新周期的不可或缺

长期以来，人们有一种共识：消费社会的发展与技术爆炸的深入，带来供给的丰沛与效率的极致，也因其算法化、碎片化甚至庸俗化，成就了一个"内容"的坏时代。但如果我们始终对商业与数字秉持乐观主义，那么我们会得到另一个答案：内容正在以浸润的姿态复兴。

在数字商业的新语境、数字生活的新基建之上，"内容"从未如此迎来极大的创作、演绎、生成和承载空间，在形态的宽度和场景的深度交织中，俨然成为当下社会的新景观，携新人群、新观念与新观念之力，澎湃涌现。

后数字化周期，工具层面的效率已经完成，新的商业模式与商业价值观，更需要好的"内容补位"，成为可持续、具备持续引领性的推力。这从诸多国民生活代表性互联网平台——无论什么行业，纷纷强化内容对于其战略的支撑地位便可见一斑。一切商业皆内容，内容成为数字化新周期的关键角力点，也是数字时代商业价值创造的新准绳。

不只是范式层面的转移释放内容的新红利周期，数字化、AI 化带来的新交互界面、新产品形态和新消费精神，也为新文本的多元崛起带来极大支撑。对话生成的画作、AI 撰写的诗篇，乃至更多的数字策展、分布式内容库……新意义需要新文本，数字时代的沟通需要独立精神的内容。

本书提出"文字景观"这一议题，正是基于对数字时代内容价值的长期研究与重新洞察。当文本超越记录工具与媒介价值，反而对数字化的社群、消费与城市的影响更加深远。

　　新地方志，是更"窄"视角、更多元形态、更具先锋观念的地方风物志；标语 T 恤（SLOGAN TEE），以更加符号化的产品媒介完成观念表达；提示词（Prompt），创造了新的意义文本与景观世界；大街小巷的"文案目的地"，正在以文字重新塑造城市的景观和态度……更多可书写的文本、可抵达的意义，内容复兴浸润在每个日常的具体而微之处。

二、文本新浪潮：小出版与分布式内容

传统文本的产品与内容价值，在数字时代以"独立精神"回归。去中心化的"小出版"，推动生活观念的内容新价值——不是非要还原纸质阅读仪式或体验，而是在众说纷纭、来去匆匆的社交网络中，对一种笃定的叙事的提案，关乎审美、风格与态度。

如同微信公众号诞生时曾经讲述的，"再小的个体都要有自己的品牌"。任何社群、地域单元与商业品牌，也都应理解这个时代需要"更小的出版"，是分布式的用户驱动，也回答着生活方式的独特命题。未必需要连篇累牍或者无所不包，关键是如同独立书店、独立厂牌一般成为容器，以品牌书、杂志书（Mook）、画报、播客、自媒体专栏等形式，提供当下需要的新意义传达与建设用户对话的新界面。

新地方志成为乡村、城市乃至每个社区街坊的记忆图鉴与生活索引。

代表性实践之一是《碧山》杂志书，这份创办于 2012 年的出版物，试图以现代人的视角重新梳理传统文化在中国人生活中的位置，并探讨以此为源头展开传承于创新行动的可能性。以古徽州一府六县之一的黟县碧山村作为内容生发的在地性原点，陆续开启探讨书院、当代乡村建设、文庙、结社与雅集、民艺、永续农业、民宿等中国当代乡村文化建设主题。

《碧山》发展至今，不仅成为地方文化风貌的内容出版代表，"碧山工销社""碧山书院"等碧山村其他空间改造项目，也从在地的建筑、标语、习俗中提炼出具备当代性的内容景观与体验价值。《黟县百工》图书以及《百工》杂志书，都是这种"生产"的产物。《碧山》主编左靖总结道，"文化生产一般是由各个领域的人士根据当地的地域文化进行的创造，他们的

作品或者研究成果，通过展览和出版呈现。"

同样，即将出版的《大南坡：共振村声》和《景迈山：古茶林文化景观巡礼》，也是立足于河南修武大南坡村和云南景迈山等地的"文化生产"实践成果。田野调查编纂成册，赋予了当代话语体系的原乡风貌，不仅以展览形式在地呈现，也会以离村展（Off-Site Exhibition）的形式去一线城市等地展出、对话。独特性放大与对照背后，是内容，也是景观。

城市商业景观的这一轮涌动，以专题书、指南读本为代表的原创内容成为关键的推动力。

另一个堪称景观的内容实践，是"一筑一事城市指南系列"（Z/S STUDIO CITY GUIDE）。颇具代表性的是《成都》《成都2》《重庆》等城市读本，基于城市、街巷、建筑与空间探访，形成当地的"大体量"城市指南。在《一筑一事城市指南·重庆》中，涵盖26万字、1000多张图片共400页。围绕"市井遗迹""城市更新""艺术文化""时髦享乐"等板块，涉及200多个推荐探访的城市空间，形成11张城市探访推荐路线。《成都城南别册》《成都艺术空间》等，也在从更具体、更垂直的切面，呈现一个城市的新打开方式，也是一个城市漫步时代的"读物版小红书"。

由此，我们对于某一地域的文本和语境，有了更亲切、生动、有温度的感知。因为内容而流动常新，因为文本而千人千面。这一轮的"文本新浪潮"，不仅是"小出版"——背后那种独立精神、独特认知、专业态度、多元视角；更是"分布式"——来自在地、激活日常、用户共建、关照具体。

时间悠久如《汉声》，覆盖细粒度如《阿那亚邮报》，让我们看到今天是内容作为提案的最好时代。在充满效率与碎片的当下，我们从未如此需要这种"观念指南"与"价值提示词"去理解身处之地，徜徉心灵之旅。

《碧山》杂志往期期刊封面设计。（图片来源：本文作者拍摄）

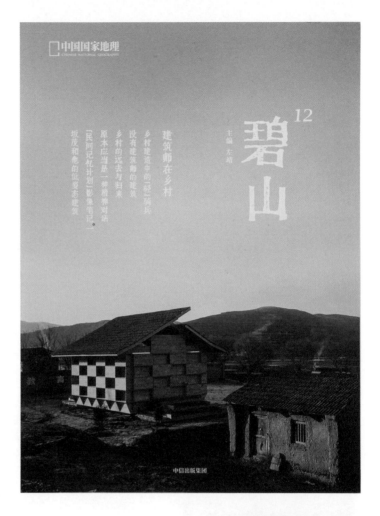

生活考古观

《汉声》2018 年出版的
《大过狗年》。(图片来源:
搜狐网)

对一种笃定的叙事的提案,关乎审美、风格与态度。

三、内容向商业：消费新暗号

不仅是文本迎来令人瞩目的观念价值新浪潮，在新商业的发展中，如同设计与传播，内容本身也定义和支撑了许多新消费品的无远弗届，尤其在内观探索、自我复原等领域，与年轻人的新审美观念、新消费精神相应和。

一切商业皆内容已无须论证，而文字本身的暗号价值定义的产品价值才刚刚开始。

标语 T 恤衍生的叙事是一个最鲜明的表现。从最初的文化衫、字母刺绣，到成为服装的设计、演绎新灵感，是大文字、大标志的彰显，也是自我态度、社群归属的划分，T 恤上的文字，成为年轻人的内在含蓄表达场，鸡血或鸡汤，i 人或 e 人，此时此刻与外界的"对话"一目了然。

日签类产品从线上流行到线下。以单向历、豆瓣日历等为代表的每日格言，不仅是时间的仪式感与兴趣的载体，也成为生活、办公场景每日刷新的点睛之笔，是如同"门联""明信片"一般存在的个体表达的文字景观。

更有一些小众电商品牌，从原本被认为"审丑"的产品装饰文字，找到理解当下文字景观的产品新范式。作为数字时代的高频刚需日用品，手机壳就是一个赋予设备以态度，具备强装饰、刷新性的载体。诗句、书法、个签、段子、符号、自定义贴纸……有时甚至超越基本材质需求和价格敏感，成为换手机壳的关键决策因素，因为越是日常场景，越需要个体标语的差异化叙事，文字正是风格与态度的绝佳载体。

往家居日用延伸，这样的文字景观更是无往不利。门帘、地垫、杯子、雨伞、餐具、洗碗巾、鼠标垫、书立、脏衣篓、收纳箱、餐垫、画框、垃圾桶、口罩，新世代消费者偏爱以鲜明的文字取代似是而非的花纹图案。以品牌"左咸敦道"为例，其以文字作为核心装饰创意的家居用品延伸至几十个家居细分品类，甚至小到鞋拔子和吸管，让家里一切皆有文字注脚。进门地垫上会有"艺术家入口""且慢""舒适区""可以社交但没必要""文化人场所""我的寒舍"等文字创意设计；浴帘上写有"烦恼洗除中心""随心所浴""演唱会现场"；垃圾桶上写有"特别能装""没啥用的东西都丢了吧"；甚至电子秤都会有定制版的"保（持体）重"。或彰显态度或会心一笑，以策展式心态，重新整理生活空间的日常用品，原来是内容让每个场景都有意义。

这种符号价值，也得到诸多品牌的认同，无论出于内部文化还是传播营销考量，如何让自身品牌名，甚至品牌的所有文案、内容，在得到传达的同时，又符合消费者的审美与熟悉感，正在成为品牌传播的重中之重。尚不论腾讯、京东、阿里等的专属字体，让互联网大公司更具温度与态度，新消费品牌中，如喜茶"中式灵感体"，在于围绕喜悦的价值观融合传统内核与当代语境，成为年轻人心中有内容的"酷"；又如"携程旅物"联合汉仪字体的策划，围绕北京、上海、成都、武汉，选择符合当地气质与文化的字体，成为携程旅物城市漫步的周边产品。

内容向商业，已经超越传统文创产品的范畴，而更加向生活场景延展。本质是今天的新消费精神，对新消费、新产品提出更加个性化、刷新化、审美化的诉求，品牌在特定场景与独特价值观中与用户同频共振，没有什么比"文字"更具备这种交互属性。

左闲敦道产品。（图片来源：本文作者拍摄）

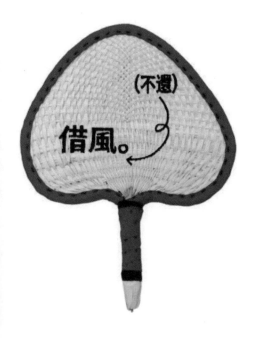

左闲敦道产品。（图片来源：本文作者拍摄）

生活考古观

四、文案目的地，旅行的新意义

我们曾提出"数字市井"这一议题，数字生活稀缺的"附近联系"，正在重新编织商业新景观；而"文字景观"则想强调，在一个以数字、智能为取向的飞跃时代，内容重新迎来了它的广阔天地。

"文案目的地"是我们在 2023 年的一个总结提炼。城市街巷中，文案成为最显性的景观，甚至成为心之所往的目的地和日常探索的仪式感。因为一句击中内心的歌词，一个短视频的"梗"，开启对一座陌生城市的打卡，或者奔赴神往已久的城市，成为今天年轻人"旅行的意义"。前者如 2023 年大火的淄博、天津，后者如北京、成都这类被"当下的内容"持续重塑的典型代表。

因为民谣歌手赵雷的一首《鼓楼》，"我是个沉默不语的靠着墙壁晒太阳的过客""当 107 路再次经过，时间是带走青春的列车"，北京中轴线北端的鼓楼与途经附近公交站点的"107 路电车"，成为近年每个毕业季，各地学子、年轻人来北京必打卡的人文"景观"。寻觅歌词中的语境，走在鼓楼下面，靠着墙壁晒太阳，抓拍 107 路电车穿行而过与鼓楼同框的那一瞬，然后配上《鼓楼》在社交媒体上发布，完成一趟关乎自己青春与"故地重游"的心灵之旅。原本是老北京生活日常之地，也因为歌词赋予的语境不断被重塑，后来甚至 107 路电车经过鼓楼报站时也会播放一段《鼓楼》，让"107 路再次经过"仿佛成为半官方的打卡地。而鼓楼附近的各类商铺，也会以在店门播放《鼓楼》MV 或者售卖有"鼓楼"文案的饮品。

内化的文案之外，写有城市名的墙面、路牌、本地方言墙，更是所有城市景观创设的基本操作，成为面对"特种兵旅游"最直接的交互界面。

虽然存在"网红化"趋势，但也算在看似千篇一律的城市钢筋水泥中，迈出了"在地化内容企划"行之有效的第一步。

同样的趋势，在策展市集、公交站台、地铁车厢，乃至具体到社区日常，都在润物细无声地发生。作为成都符号之一的玉林社区，街道墙面会以宣传标语的形态写着"生活在附近"；苏州的双塔市集，最具烟火气的食材与文案招贴相得益彰。

数实融合时代的差异化生活创造，既来自数字基建，也来自文字景观——因为其背后与人同频共振的情绪、风格与观念价值，越发表现为当下稀缺的原创能力与企划禀赋。无论在新消费、新空间、新文旅，还是新智能，都需要更积极地探索"一切商业皆内容"的实践，而数字生活的"增量密码"正隐藏其中。

内容复兴，在商业社会的新语境中，日常的文本与澎湃的意义，都将是我们这个时代独有的生活新景观。

被『当下』的内容持续重塑的景观。

107 路电车与鼓楼。(图片来源:
本文作者拍摄)

播客年代，口口相传的
"新地方志"

如果文字是注解时代的景观，内容是展开生活的切片，那么我们会发现，近几年有种别有意味的"文本存在"——播客，正呈崛起之势。

阅读者真的惧怕长篇累牍吗？他们可能也需要一种"在场感"的持续陪伴，让情绪的连接始终不断开。又或者，视频内容所表现的"新鲜直达""如在眼前"，就是数字生活需要的效率供给吗？有些人可能更青睐一种漫无目的的旁听。

播客创设了一种语境的公约数，从个人到机构，无一不选择于此找到自己真实柔软的姿态，完成灵感与思考的娓娓叙事。在本书开始的圆桌讨论中，播客平台"小宇宙"负责人也给出了思考：播客既是这个时代"快慢之间"的文艺复兴，也代表人们更渴望在实体场景找到诚恳的生活体验。

播客年代，重新"浮出"的生活细节与个体观察：是真实场景的映射，是平行生活的远行，是独家记录的细节。每个内容创作者，都在围绕自己的观念与日常，从最小的"据点"出发，创设这个时代"新地方志"的样本。这些有关当下生活样本与足下的田野调查，在喃喃自语抑或在众声喧哗中，都潜藏着有待探索的"新景观"。以下是我们在小宇宙中发现的一些"新地方志"代表。

播客频道

《汉水的身世》

邀请不同职业的『汉江子民』，从不同角度讲述个体命运与江水身世的交织。你会发现，万水千山和地上的人们，就是这片土地上时刻发生的最生动的情节。

《掰馍会谈》

『掰馍时间』对于爱吃羊肉泡馍的西安人是什么时间？是一个人的闭嘴冥想，也是一群人的说不完的话。听听一座新一线城市的摩登生活与隐秘角落。

《山城龙门阵》

仿佛耳朵突然进入一个热烈的『现场』。在重庆这座山城中，过江索道的摩擦，轻轨快速穿梭的潇洒、桥上堵车疯狂的喇叭声，以及街边炒菜馆的喊话、转角烧烤摊的八卦、菜市场的讨价还价……大事小事都可以『摆龙门阵』，也都值得我们倾耳一听。

《炖炖絮絮》

像聊家常一样，记录一对 60 岁东北老伴儿的食物光阴。食物往事，边炖边唠。

《兴义现志》

以一碗『贵州兴义羊肉粉』开始，闲聊一座西南小城熟悉与陌生的当下。从星巴克的进驻，到本地烤串的记忆溯源。似乎让中国县域生活，有了公共记忆的内容新想象。

《来去泉州》

『异步直播』的形式陪听众一起深入逛泉州。推荐收听方式是每集开头到达指定地点，然后跟随节目讲述与『配套路线图』开启平行时空的探索。原来，播客可以成为旅行的『讲解器』。

《从菜街到厨房》

一档在云南某个厨房里录制的播客。从云南食材和烹饪方式，到这些经验背后的当地故事，不管在菜街还是厨房，总能聊出新认知。

《听潮 HearTide》

潮汕方言播客，关于在地及四海潮汕人的故事分享和乡土认同。声音让方言的美感与韵律回到最初的味道。

写在后面的话

"新观念，在商业与生活之间"是《LAUNCH 首发》的企划理念。我们希望分别将商业和生活方式作为起点，并以商业为视角，理解生活方式的崭新可能；从生活方式出发，捕捉商业趋势下微小而重要的信号。

自 2021 年第一本书出版，我们持续洞察生活方式的趋势，启发新商业的议题，并给出商业创新的行动思考。在时代的信号与噪声里，坚持不懈地提出"好的问题"。

回顾往期主题 —— 科学品牌、美术馆时代、小兴趣商业、数字市井，我们不仅看到面对急剧变化的商业世界，这些议题依然被持续讨论、被商业实践印证，并在观念与行动的同频进化中，不断生发出新的内涵与价值。

距上一本《LAUNCH 首发 04：数字市井》的出版已经时隔 1 年，我们一直在酝酿以一种更契合时代语境、更有差异化的方式与读者见面。此次推出的第五本《LAUNCH 首发：生活考古观》，进行了书系的整体升级，从内容体例到设计风格都进行了大幅改版，减少碎片化的内容版块，回到更简洁的设计语言，以更完整、深入的长文和访谈呈现观念表达，希望给读者带来更沉浸的阅读体验和观念启发。

与此同时，我们还将进行一系列围绕主题的线上线下活动、观念策展，以及更多内容表达的可能形态，敬请关注。

《LAUNCH 首发》工作室

新观念，在商业与生活之间。